高校思想政治理论课教学叙事艺术

侯玉娟　著

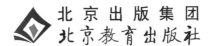
北京出版集团
北京教育出版社

图书在版编目（CIP）数据

高校思想政治理论课教学叙事艺术 / 侯玉娟著. ——
北京：北京教育出版社，2024.6
ISBN 978-7-5704-6495-1

Ⅰ.①高… Ⅱ.①侯… Ⅲ.①高等学校—思想政治教
育—教学研究—中国 Ⅳ.①G641

中国国家版本馆CIP数据核字(2024)第100968号

高校思想政治理论课教学叙事艺术

侯玉娟　著

*

北京出版集团
北京教育出版社　出版
（北京北三环中路6号）
邮政编码：100120
网址：www.bph.com.cn

京版北教文化传媒股份有限公司总发行
全国各地书店经销
河北宝昌佳彩印刷有限公司印刷

*

710 mm×1 000 mm　16 开本　15.5 印张　223 千字
2024年6月第1版　2024年6月第1次印刷
ISBN 978-7-5704-6495-1
定价：59.00 元

　　教育是一种影响深远的行为，它能够塑造人们的知识体系，影响人们的行为模式，激发人们的思维能力。作为一种重要的社会实践，教育对于社会的稳定和发展起着至关重要的作用。本书主要讲的是思想政治理论课教学叙事艺术。杨翠娥曾指出："教师进行教育叙事既不是单纯地为了叙事而叙事，也不是为了检验某种已有教育理论或构建一种新教育理论，更不是为了向别人炫耀自己的'才智'或表述自己的'感慨'、倾诉自己的'苦衷'。教师教育叙事的主要目的，是借所'叙'之'事'来反思自己的教育教学活动，并通过反思来改进自己的教育教学行为，以提高教育教学质量、提升自己的专业发展水平。"①希望通过本书，引发教育者和学者对思想政治理论课教学方法的新的思考，同时希望他们提出具有创新性的教学策略，为思想政治理论课教学提供新的可能。

　　叙事是一种自然的、基本的方式，人们通过叙事理解世界、理解自我。在教学过程中，叙事可以作为一种有效的教学方法和手段，激发学生的学习兴趣，提高他们的理解能力。同时，叙事艺术强调学生的参与和主动性，有助于培养学生的主体性。本书以叙事艺术为切入点，探讨其在思想政治理论课教学中的应用。希望通过本书，推动思想政治理论课教学的改革和创新，使思想政治理论课教学更加生动、有趣、富有吸引力，从而提高教学效果。

---

① 杨翠娥.走向生命关怀的教师专业发展[M].北京：知识产权出版社，2015：61.

本书由湖北工程学院侯玉娟撰写，共分为八章。第一章为概述，介绍了思想政治理论课教学叙事艺术的相关概念、意义与价值、重要性与可行性、与学生认知思维发展的关系，以及与传统教学方法的异同。第二章阐述了思想政治理论课教学叙事艺术遵循的理念与原则。第三章介绍了思想政治理论课教学叙事艺术的实践步骤、注意事项以及发展趋向。第四章探讨了思想政治理论课教学叙事艺术的效果评估与反馈。第五章至第七章分别展示思想政治理论课叙事艺术教学实施过程、叙事艺术在思想政治理论课程中的实践应用，以及思想政治理论课叙事艺术与学生主体性培养的相关性分析。第八章对全书进行了总结，提出了未来的创新方向。

无论是教育工作者，还是对教学方法和策略感兴趣的学者，抑或是致力提高教学质量的教学管理者，希望都能够从本书中找到新的研究视角或者获得新的启发。

目 录

第一章 概 述

第一节 思政课教学叙事艺术的相关概念

一、思政课程的相关概念

思想政治理论课（简称"思政课"）是一种旨在培养学生政治素养、社会责任感和道德品质的重要课程，它在整个教育体系中扮演着重要的角色。党的二十大报告指出："教育是国之大计、党之大计。培养什么人、怎样培养人、为谁培养人是教育的根本问题。育人的根本在于立德。全面贯彻党的教育方针，落实立德树人根本任务，培养德智体美劳全面发展的社会主义建设者和接班人。"这是以习近平同志为核心的党中央在全面总结新时代党领导人民教育事业取得新的历史性成就、发生新的历史性变革的基础上，对开启全面建设社会主义现代化国家新征程的教育事业做出的总体要求，深刻阐释了习近平新时代中国特色社会主义教育事业的发展方向和基本原则，对于我国加快推进教育现代化、加快建设教育强国、促进人的全面发展、实现第二个百年奋斗目标，具有非常重要的指导意义。而这也是思政课的重要目标与课程定位，关系着新时代高校教育事业的发展。因此，思政课教师需要不断创新思政课的教学方法，以提高教育效果，更高效地培养学生的社会主义核心价值观。

（一）思政课程的基本内涵

思政课是以政治理论教育为主要内容的一种课程。该门课程的目的是培养学生的政治素养，增强学生的社会责任感，提升学生的道德品质，并且使学生更好地理解社会主义核心价值观。

陈志红认为："思政课既是学科课程，又是德育课程。思政课教学既要科学传授相关模块的知识，更要旗帜鲜明地对学生进行品德教育。思政课教学应该成为学校德育的主旋律。为此，在思政课教学活动中，要坚决克服'讲条条、画条条、背条条、默写条条'等简单做法，要把准学生的思想脉搏，通过议题式、启发式、讲练式等多种教学方式，让学科核心素养高效落地，扎下深根，开花结果。"[1]

思政课也是用中国话语阐述 21 世纪马克思主义的重要依据与前提。马克思主义已经诞生 170 多年，之所以能够经久不息、代代传承，从根本上说，是因为马克思主义具有实践性、科学性、人民性、发展性。在社会主义现代化的新时代，习近平新时代中国特色社会主义思想，坚持中华文明的主体性、社会主义现代化建设的实践性，为发展马克思主义做出了中国的原创性贡献，谱写了马克思主义新篇章。在未来，为了进一步加快我国社会主义现代化建设的步伐，全面深刻阐述马克思主义的丰富内涵，并且实现马克思主义中国化、时代化的全新阐释，教育工作者必须加快推进思政课课程建设，守正创新思政课的丰富内涵，从而以马克思主义为理论基础，更好地用中国文字、中国思维、中国文化阐述马克思主义，讲出新意，讲出深意，讲出中国意蕴。中国话语将成为阐述 21 世纪马克思主义的主要话语。中国共产党人将高举起当代中国马克思主义、21 世纪马克思主义的旗帜，责无旁贷地担当起坚持和发展

---

[1] 陈志红. 教之辩[M]. 杭州：浙江工商大学出版社，2022：233.

马克思主义的历史使命，在新时代推动马克思主义不断发展的伟大实践中，继续推进马克思主义中国化，让马克思主义在当代中国和当代世界放射出更加灿烂的真理光芒，而这一切都与思政课的发展建设具有莫大的联系。

可见，思政课程在学校课程中的地位很高，其作用也是多方面的。具体来说，它可以帮助学生形成正确的世界观、人生观和价值观；它可以使学生明确社会主义道路的正确性，增强道德品质，以便为社会的进步和发展做出贡献；它还有助于培养学生的批判性思维能力，使学生能够批判性地看待世界和社会现象。陈志红也指出："思政学科是综合性课程。思政课涉及经济、政治、文化、哲学、法律、逻辑等多学科的知识，需要思政课教师学通、弄懂和精准选择有关知识，有机对学生进行思想品德教育，努力把学生培养成为社会主义事业的建设者和接班人。同时，思政课又是活动型课程。这需要政治教师科学引导学生积极主动参加课内外的活动，接受思想品德教育的熏陶，提升学生的思想道德境界。"[1]可见，思政课程对于现代教育教学十分重要。随着各领域对思政课程的高度重视，我国思政教育逐渐充实和发展起来。然而，思政课程也面临着一些挑战。有些人批评思政课程缺乏实际性，对学生的影响有限。为了解决这个问题，教育者和政策制定者应努力创新思政课程的教学方式，以提高教育效果。例如，通过案例教学、讨论式教学等方式，将理论知识与实际问题结合起来，使学生更好地理解和应用思政知识。当然，对思政课教学叙事艺术进行改革和创新也是十分必要的。

（二）思政课程的基本特点

思政课程具有一些显著的特点，这些特点使思政课程在教育系统中占据重要地位，它旨在引导学生形成正确的世界观、人生观和价值观，并提升学生的社会责任感和道德品质。同时，这些特点也对教育者提出

---

① 陈志红.教之辩[M].杭州：浙江工商大学出版社，2022：233.

了挑战，即如何有效地进行思政教育，才能使学生深入理解并应用其所学的知识。思政课程的基本特点如图 1-1 所示。

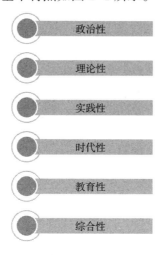

图 1-1　思政课程的基本特点

1. 政治性

思政课是高等教育中的一门核心课程，它是培养学生全面发展的重要课程。思政课是一门具有鲜明政治性的课程，它旨在通过对政治理论的学习和实践，培养学生的政治觉悟，提高学生的政治素养，使学生成为具有社会主义观点、立场、情感的合格建设者和可靠接班人。

（1）思政课的教学目标具有政治性：思政课程旨在帮助学生形成正确的世界观、人生观和价值观，使学生理解并接受社会主义核心价值观，认同中国特色社会主义道路，树立社会主义荣誉感和使命感，提高政治觉悟和社会责任感。

（2）思政课的教学内容具有政治性：思政课的教学内容包括马克思主义基本原理、中国共产党的基本路线和基本纲领、国家的基本政策、社会主义现代化建设的基本任务和国际形势的基本特点等，这些都是政治性的内容。

（3）思政课的教学效果具有政治性：通过思政课的学习，学生应能够提高政治理论素养，增强思想道德素质，提高社会责任感和历史使命感，增强对社会主义现代化建设的认同感和参与感。

2. 理论性

思政课程的理论性使其不仅仅是向学生传授知识，更重要的是为学生提供一种理论视角和思考方式，使学生能够理性地分析和理解社会现象，形成科学的世界观、人生观和价值观。同时，使学生可以运用所学的理论分析和解决实际问题，将理论知识转化为实际行动。

思政课程的理论性主要体现在以下几个方面。

第一，基于马克思主义理论。思政课程深入地教授马克思列宁主义、毛泽东思想、邓小平理论、"三个代表"重要思想、科学发展观、习近平新时代中国特色社会主义思想，这些理论为学生提供了一种观察世界、理解社会的视角和工具。

第二，涵盖政治经济学。思政课程会涉及政治经济学的一些基本理论，如劳动价值论、剩余价值论等，这些理论有助于学生了解社会经济现象背后的运作规律。

第三，包含政治科学和社会科学理论。思政课程会教授一些政治科学和社会科学的基本理论，如国家与政府、宪法与法律、社会分工与社会结构等，这些理论有助于学生理解社会运作的各种机制。

第四，教授伦理道德理论。思政课程会涉及一些伦理道德理论，如社会主义核心价值观，这有助于学生形成正确的道德观念。

第五，对现实问题的理论分析。思政课程还会教授如何运用马克思主义等理论来分析解决现实问题，如经济发展、社会公正、环境保护等。

3. 实践性

思政课程的实践性，指的是它强调理论与实践的统一，鼓励学生进行社会实践，培养学生的批判性思维，以及采用实践性的教学方法。这些都使思政课程不仅是传授知识的过程，更是培养学生实际能力和素质的过程，使学生能够将理论知识转化为实际行动，更好地服务于社会和国家。具体体现在以下方面。

第一，思政课程强调理论与实践的统一。这意味着理论知识不能脱离实际情况进行学习和理解，也意味着理论的正确性需要通过实践来证明。因此，思政课程不仅教授抽象的政治理论，而且鼓励学生将这些理论应用到实际情况中，以理解和解决实际问题。

第二，思政课程鼓励学生进行社会实践。例如，学生可以参与社区服务、志愿者活动或社会调查等。通过这些活动，学生可以体验和了解社会现象，了解社会运作的规律，从而更深入地理解课堂上所学的理论知识。同时这些活动也可以让学生学习和锻炼解决实际问题的能力，如沟通能力、组织能力、解决问题的能力等。

第三，思政课程的实践性体现在培养学生的批判性思维方面。批判性思维是一种理性的、反思的、独立的思维方式，它不仅要求学生接受和理解知识，而且要求学生能够对知识进行批判性的分析和评价。这种思维方式既可以帮助学生更深入地理解和掌握知识，也可以帮助学生提高分析和解决问题的能力。

第四，思政课程的实践性也体现在其教学方法上。现代教育理论强调以学生为中心，注重引导学生主动学习，注重启发和引导，而不仅仅是传授知识。

因此，思政课程的教学方法越来越多地采用讨论式教学、案例教学、小组合作学习等形式，这些教学方法既可以提高学生的学习兴趣和学习效果，也有利于培养学生的实践能力。

4.时代性

思政课程的时代性体现在其教学内容和教学方法与时俱进，可以反映和适应社会、经济和文化的发展变化。思政课程的目标不仅仅是传授知识，更是培养学生成为具有时代意识和历史责任感的公民。因此，思政课程的教学内容和教学方法必须与时代的需求相适应。

从教学内容上看，一方面，思政课程的主题和重点会随着社会主义建设的发展和社会变革的需求而变化。例如，马克思主义理论是思政课程的基础，但具体的教学内容还包括毛泽东思想、邓小平理论、"三个代表"重要思想、科学发展观、习近平新时代中国特色社会主义思想等，这些都是随着中国特色社会主义建设的不断深化和发展而逐渐形成和确立的。另一方面，思政课程的教学内容还要关注和回应社会的热点问题和挑战。例如，面对全球化的挑战，思政课程要教授学生理解和应对全球化的知识和技能；面对信息化的挑战，思政课程要培养学生的信息素养和网络道德；面对生态环境问题，思政课程要增强学生的环保意识并培养学生的可持续发展观念。

从教学方法上看，思政课程要不断创新，以适应教育技术的发展和学生需求的变化。例如，传统的讲授式教学方法已经无法满足现代学生的学习需求，因此，思政教师还需要结合使用讨论式教学、案例教学、网络教学等新的教学方式，以提高教学效果。

总的来说，思政课程的时代性要求人们必须时刻关注社会发展的新动态，不断更新和完善课程的内容和教学方法，以培养出具有时代意识和历史责任感的公民。

5. 教育性

思政课程作为高校教育体系中的重要组成部分，其核心目标在于通过系统的教育过程，培养学生的道德素质、公民意识、社会责任感以及正确的世界观、人生观和价值观。该课程强调的是一种全人教育理念，旨在全面提升学生的个人品质和社会能力，不仅限于传授专业知识和技能，更着眼于学生人格的塑造和价值观的形成。

（1）道德素质的培养。道德素质是人的基本品质，关乎个体的行为准则和价值判断。思政课程通过引导学生学习和内化社会主义核心价值观，强调诚信、责任、公正、爱国等基本道德原则，引导学生建立正确的道德观念，形成良好的个人品德和社会公德。

（2）公民意识的培育。在全球化背景下，加强学生的国家意识、法治意识、民族意识和文化意识成为教育的必然要求。思政课程通过深入浅出地介绍国家法律法规、历史文化、国情民情等内容，激发学生的爱国情怀，增强学生的国家认同感和民族自豪感，培养学生成为具有责任感和使命感的社会公民。

（3）社会责任感的培养。社会实践活动是培养学生社会责任感的有效途径之一，通过参与社会活动，学生能够更深入地了解社会的现状和问题，感受到自己的责任和使命。因此，高校可以组织各类社会实践活动，如志愿服务、社会教育等，使学生在实践中学习和成长，最终成为能够为社会做出贡献的人才。

（4）正确的世界观、人生观和价值观的塑造是思政课程的根本目的。在日益复杂多变的世界中，面对不同的文化观念和价值冲突，学生需要形成独立思考和批判性分析的能力。思政课程通过对哲学、经济学、政治学等知识的系统讲解，帮助学生建立科学的世界观，正确的人生观和价值观，引导学生在多元文化的交流中坚持正确的价值导向，形成健康的心态和积极向上的人生态度。

6.综合性

思政课程的综合性体现在多个方面，包括教育内容、教育对象、教育目标、教学方式等。

思政课程的内容涵盖了政治、经济、文化、历史、社会、哲学等多个领域，结合了理论教学和实践教学，并将理论知识与实际问题紧密联系了起来。这种跨学科的特性使思政课程可以从多角度、全面地分析和解决问题。

思政课程针对不同的学生群体都有相应的课程设置和教学内容。这种灵活性使思政课程可以根据学生的年龄、知识背景、学习需求等因素进行适当的调整和优化。

思政课程不仅注重知识的传授，还强调价值观的塑造、能力的培养、态度的引导等，这体现了思政课程的教育功能的综合性。思政课程不仅要让学生了解和掌握知识，更要引导学生形成正确的世界观、人生观和价值观，培养学生的批判性思维、问题解决能力、沟通协作能力等。

思政课程的教学方式也具有综合性。它不仅采用传统的讲授方式，还采用讨论式教学、案例教学、小组合作学习、在线学习等新型的教学方式，有效提高了学生的学习兴趣和学习效果。

（三）思政课程的多重意义与价值

思政课程"难上"，这是许多教师的共同表达，但是思政课之所以"难上"，也是有原因的。"政治课之所以难上，难就难在如何通过灵活的教学手段来提高和调动学生的学习积极性。以往政治课的教学，一般仅着重书本知识的讲解，把知识讲清、讲透即可，这样就显得比较枯燥、乏味。如何在政治课中提高学生的学习兴趣，是我们每一个政治老师不可回避的现实问题。"[①]可见，思政课的确具有一定难度，也恰恰因此，其意义与价值才显得尤为可贵。

思政课程的多重意义与价值体现在它对学生的价值观引导、现实导向、思维训练、情感熏陶、身心发展等多方面，且这是实现高等教育的人才培养目标和社会主义现代化建设目标的重要保证。

思政课程是高等教育体系中的重要部分，它承载了多重意义与价值，如图 1-2 所示。

---

① 上海市吴淞实验学校.翅膀的痕迹：陈龙教育笔记 [M].上海：上海社会科学院出版社，2022：50.

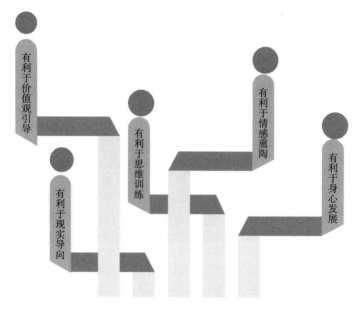

图1-2　思政课程的多重意义与价值

1.有利于价值观引导

思政课程有利于帮助学生建立积极的价值观体系，这也是其在整个教育体系中的主要任务之一。通过教授社会主义核心价值观，思政课程强调学生对个人责任和社会义务进行深刻理解，鼓励学生养成健康的道德观念，并积极参与社会实践。

价值观引导是思政课程的核心目标，其目的在于塑造具有社会责任感、道德责任感的公民。思政课程鼓励学生明确个人在社会中的角色，理解社会的运作方式，并增强对社会公正、民主和公平的重视。同时，思政课程强调社会主义核心价值观，包括富强、民主、文明、和谐、自由、平等、公正、法治、爱国、敬业、诚信、友善，这些价值观的内涵和要求，为学生提供了行为的道德规范和价值导向。

价值观引导不仅仅是对理论知识的学习，更重要的是对这些理论知识的理解和实践。通过在课堂上进行深入讨论，教师应引导学生思考如何将学到的理论知识应用到实际生活中，并使这些理论知识成为自己的道德行为准则。此外，学校可以通过组织社会实践活动，使学生有机会将学到的知识和理念付诸实践，如参加志愿者服务、社区活动等，以培养他们的社会责任感和公民意识。

通过这种价值观引导，思政课程能够帮助学生形成健康的价值观，这对学生个人的成长和社会的发展都有积极影响。对于个人来说，正确的价值观能够引导学生正确处理个人与社会、现实与理想的关系，有助于学生形成正确的世界观、人生观和价值观，促进他们的全面发展。对于社会来说，大众的价值观是社会进步的基础，公民的道德素质和社会责任感是社会和谐稳定的重要保证。

在此意义上，思政课程不仅是一个学习平台，更是一个价值观的塑造过程，是引导学生从理论到实践、从学校到社会，逐步建立起积极健康的价值观的重要途径

2.有利于现实导向

思政课程的现实导向是其独特魅力之一。思政课程内容紧扣时代主题和社会热点，关注国家和社会的发展变化，引导学生立足现实，关注现实，解决现实问题。通过学习思政课程，学生能更深入地理解社会，更积极地参与社会，从而更好地服务社会。

在教学内容上，思政课程关注社会主义现代化建设的进程，关注国家的政治、经济、社会、文化等多方面的发展，关注世界的大事、大变化，还关注社会的热点问题，如经济发展与环境保护、科技进步与伦理道德、社会公平与社会正义等。这些内容既具有理论性，又具有现实性；既能够丰富学生的知识储备，又能够提高学生的社会敏感度。

在教学方式上，思政课程强调问题导向和实践导向，鼓励学生主动关注、研究和解决实际问题。对此，教师可以组织各种讨论活动，引导学生深入探讨社会热点问题，培养他们的批判性思维和创新能力。此外，学校还可以组织各种社会实践活动，如调查研究、社区服务、社会实践等，让学生走出课堂，走进社会，亲身体验和解决实际问题。

这种现实导向的教学方式有利于提高学生的学习兴趣和学习效果，使学生能够将学到的理论知识和道德观念与实际结合起来，从而真正实现知行合一。同时，这也有利于培养学生的社会责任感和社会参与度，使学生能够更好地了解社会、热爱社会，为社会做出贡献。

在现代社会，个人的发展离不开社会的发展，社会的进步离不开每一个公民的积极参与。思政课程的现实导向，使学生能够更好地理解社会、关注社会、服务社会，从而更好地实现个人价值，也更好地推动社会的进步。这正是思政课程的重要价值所在，也是其得到广大学生欢迎的重要原因。

3.有利于思维训练

思政课程不仅是对知识的传授，更是一种思维能力的培养。特别是对学生批判性思维的训练，使思政课程成为学生形成独立、清晰和逻辑严密思维的重要途径。批判性思维并不是一味地质疑、批评或者否定，而是一种理性、深入、系统的思维方式，一种发现问题、分析问题、解决问题的能力。

首先，批判性思维强调问题意识。思政课程的内容涉及众多的社会科学领域，学生需要对各种政治、经济、社会、文化现象进行深入思考，识别其中存在的问题，提出自己的问题，这就需要学生具备敏锐的问题意识。

其次，批判性思维强调分析能力。对于提出的问题，学生需要运用自己所学的理论知识，进行深入分析，找出问题的原因，理解问题的本质。这既需要学生熟练掌握理论知识，也需要学生具备辩证地看问题、全面看问题的能力。

再次，批判性思维强调解决问题的能力。分析问题只是批判性思维的一个环节，更重要的是能够提出解决问题的方案。这就需要学生能够运用自己的知识和智慧，创新性地思考，勇敢地尝试，不断地实践。

最后，批判性思维强调独立思考。在思考问题、分析问题、解决问

题的过程中，学生需要养成自主思考、独立思考的习惯。这就需要学生
有决心、有勇气、有信心，敢于挑战权威、突破传统，提出自己的观点
和建议。

通过上述训练，学生的批判性思维能力能够得到提高，他们的逻辑
思维、独立思考、解决问题的能力也能够得到提高。同时，批判性思维
也是一种民主精神和创新精神的体现，不仅有利于学生的个人发展，而
且有利于培养学生的社会责任感和公民意识。

因此，思政课程不仅传授知识，更注重培养学生的思维能力，以此
提高他们的人文素养，丰富他们的精神世界，增强他们的社会责任感和
公民意识，为他们的未来发展奠定坚实的基础。

4. 有利于情感熏陶

思政课程作为一种教育方式，不仅强调知识的传授和思维的训练，
而且着重情感的熏陶和品格的塑造。思政课程通过一系列具有深远历史
意义的事件、引人深思的人物事迹以及伦理道德观念的传播，以期深化
学生的情感体验，调整他们的态度取向，并使学生在情感的熏陶下塑造
积极健康的价值观。

情感熏陶在教育中占有重要的地位，尤其在思政课程中。对于思政
课程而言，其首要任务是传播社会主义核心价值观，然而，价值观并非
空洞的理论体系，而是需要通过具体的历史事件、人物事迹以及伦理道
德观念来实现生动的表达和深入人心的教育。例如，教师可以讲述抗日
战争时期的历史事件，讲述那些为了民族独立和自由而奋不顾身的英雄
人物，使学生在潜移默化中体验到英勇抵抗外侮、坚持自由独立的民族
精神。

在课堂讨论中，通过教师引导，学生可以深入探讨这些事件和人物
背后的深层含义，并以此理解社会主义核心价值观的真谛，进一步培养
自身的道德情操。例如，对于自由、平等、公正、法治等价值观，教师
可以引导学生讨论现实生活中的相关事件，从而理解这些价值观在实际

生活中的应用和重要性。在这种情感熏陶中，学生可以逐渐形成正确认识，对社会主义核心价值观产生深刻的情感认同。此外，思政课程还包含了伦理道德教育。伦理道德不仅是人们对待他人和社会的基本准则，也是人们理解人生意义和价值的重要依据。在伦理道德教育中，教师可以通过具体的案例，使学生深入理解尊重他人、诚实守信、公平正义等伦理道德原则，并引导学生在生活中践行这些原则。

5. 有利于身心发展

思政课程的设计和实施是以促进学生全面发展为目标的。除了强调知识的传递，思政课程也注重引导学生形成正确的世界观、人生观和价值观，养成良好的道德情操，养成社会责任感和公民意识，这些都对学生的身心健康成长有着重要影响。

思政课程知识不仅提高了学生的认知水平，使他们对社会、历史、政治等有更深的理解，而且培养了学生全面、系统、批判性的思考方式。这样的思维能力训练，对学生个人的智力发展和创新能力培养有着积极的促进作用。

思政课程通过传递社会主义核心价值观，对学生进行道德熏陶，引导他们形成良好的道德情操和价值取向。其中，学生对待人和事的态度、选择行为的准则、解决问题的方法等，都受到这一过程的深刻影响。这对学生的情感发展，乃至形成健全的人格特征，具有积极的促进作用。

思政课程通过各种形式的社会实践活动，培养学生的社会责任感和公民意识。例如，参与社区服务、环保活动、调查研究等，使学生有机会走出课堂，走进社会，深入生活，理解人群，解决问题。这样的实践经验，对他们的社会适应能力、解决问题能力、团队合作能力的培养，具有显著的促进效果。思政课程还强调心理健康教育，旨在帮助学生养成积极健康的心态，学会处理压力、解决困扰、提升自我。这一部分的教育，对预防心理疾病，促进学生心理健康，保证学生正常的学习和生活，也有着重要的作用。

总的来说，思政课程以人为本，注重学生的全面发展。它不仅仅是一门课程，更是一种教育方式，一种生活方式，一种成长方式。在很大程度上，"思政课程的意义在于坚持不懈用习近平新时代中国特色社会主义思想铸魂育人，引导学生立德成人、立志成才，坚定对马克思主义的信仰、对社会主义和共产主义的信念、对中国特色社会主义的信心"[①]。在这个过程中，学生的知识、情感、行为、心理等各个方面都得到了全面的优化和培养。

二、思政课教学叙事艺术的基本内容

叙事艺术是一种通过故事讲述来表达思想、传递信息或展现情感的艺术形式。它不仅仅限于文学领域，如小说、诗歌、戏剧等，还广泛应用于电影、电视、绘画、音乐、舞蹈、摄影以及数字媒体等多种艺术和传播形式中。叙事艺术的核心在于"叙事"，即讲述故事的能力，通过时间的流动、事件的发展、人物的互动和情节的转折等元素，构建一个引人入胜的故事世界。

（一）思政课教学叙事艺术的功能与作用

在思政课程的教学过程中，叙事艺术丰富了教学手段，它能够帮助学生更好地理解和掌握教育信息，从而进一步提升思政课程的教学效果。叙事艺术在思政课程中的功能和作用主要体现在以下几个方面。

第一，叙事艺术有助于提高学生的学习兴趣和参与度。相较于直接陈述的教学形式，叙事艺术通过情节的铺陈、人物的刻画和情感的渲染，构建了一种生动的学习情境，让学生能够身临其境地感受故事情节的发展，从而激发了学生的好奇心和探索欲。在这种教学模式下，学生不再是被动接受知识的容器，而是变成了主动探索、体验和思考的参与者。这种参与感和体验感大大增强了学生对思政课内容的兴趣和投入程度。

---

① 罗永宽.新时代高校思想政治理论课建设研究：第1卷[M].武汉：武汉大学出版社，2022：218.

因此，叙事艺术在提高学生的学习兴趣和参与度上有着重要的作用。例如，教师在讲述社会主义的基本理论时，可以用一个生动的故事来代替直接的理论讲解。故事中，可以包含一系列的人物，他们可以代表不同的阶级、群体和利益，他们之间的冲突和协作可以反映出社会主义理论中的一些基本原理和理念。通过这样的方式，学生可以更加直观、生动地理解社会主义的基本理论，也会对学习产生更大的兴趣。

第二，叙事艺术能够加强学生对知识的理解和记忆。在传统的教学方式中，学生往往需要通过阅读和记忆大量的教材和资料来理解和掌握知识。然而，这种方式往往让学生感到压力和困扰，很难真正理解和记住知识。思政课教学叙事艺术则通过故事化的内容传递，有效地促进了学生对理论知识的理解和记忆。在复杂的思政理论教学中，抽象概念的具体化呈现成为提高教学效果的关键。叙事艺术恰好提供了一种将抽象理论与学生现实生活经验连接起来的桥梁，通过故事中的历史场景、情节发展、人物关系和情感交织，将枯燥的理论知识转化为生动、具象的学习内容。例如，在讲解社会主义历史发展的过程中，教师可以构建一系列的历史场景，让学生通过亲身参与这些场景的构建和演绎，来理解和记忆这一历史发展过程中的重要事件和变化。在这个过程中，学生不仅可以更深入地理解社会主义的历史发展，而且可以在参与和体验的过程中更深刻地记住这些知识。

第三，叙事艺术在培养学生的情感态度和价值观上发挥着重要的作用。在传统的教育模式下，对学生情感态度和价值观的培养往往被忽视或者被视为辅助的教学目标。然而，对学生情感态度和价值观的培养却是思政教育的重要组成部分，它们对于促进学生的人格发展和社会适应能力具有决定性的影响。叙事艺术利用生动的故事情节、鲜明的人物形象、丰富的情感表达和深刻的主题思想，可以引发学生的情感共鸣，促使学生在情感体验中接受价值引导。这不仅可以使学生在情感上接纳和认同这些价值观，而且可以使学生在理解和体验这些价值观的过程中，自然而然地将这些价值观内化为自己的行为和生活原则。例如，在讲述社会主义核心价值观的过程中，教师可以通过讲述一些有关社会主义核心价值观的故事，如老一辈无产阶级革命家的英勇事迹、现代社会主义建设者的辛勤努力等，激发学生对社会主义核心价值观的理解和认同。通过这样的方式，学生可以在听故事、感受情感、理解价值观的过程中，逐渐形成自己的情感态度和价值观。

叙事艺术在培养学生的批判性思维上也发挥着关键的作用。在叙事艺术的引导下，学生被鼓励去探究故事背后的深层含义，分析人物行为的动机，评价事件发展的合理性。这一过程无疑加深了学生对理论知识的理解，而且培养了学生分析问题、解决问题的能力。叙事艺术的应用，使思政课不再是简单的知识传授，而是变成了一场思维的激荡和灵魂的碰撞，有助于学生形成独立思考的习惯，以及提升自身的批判性思维能力。例如，在讲述一个有关社会现象的故事时，教师可以引导学生对故事中的社会现象、人物行为、道德选择等进行深入分析和解读，这就需要学生运用他们的批判性思维，深入挖掘和理解故事的深层含义。

（二）思政课教学叙事艺术的呈现方式

在研究思政课叙事艺术之前，先要对"叙事"进行界定。"叙事，就是叙述事情，指人们通过口头、书面或映像的形式叙说已经发生或正在发生的事情。通俗地说，叙事就是'讲故事'，讲述叙事者亲身经历的故事。"[1]

叙事普遍地存在于文学、艺术作品和我们的日常生活、工作当中，是人们表达思想的常见方式。叙事研究最初于 20 世纪 70 年代在西方教育研究领域内率先兴起，20 世纪 90 年代末引起了我国教育研究者的关注，如今已经成为教育领域很流行的术语。

"教育叙事，概括地讲，就是讲述教育者经历过的或正在发生的教育

---

[1] 杨翠娥.走向生命关怀的教师专业发展[M].北京：知识产权出版社，2015：59.

事件。它既是一种教育研究方法，也是一种教师专业自主发展的方式。作为一种研究方法，教育叙事是指研究者用叙事的方式来研究教育问题，即通过对典型性的教育事件的描述和分析，揭示内隐于其背后的意义和观念，从而促进人们对教育的本质和价值的认识和理解。"[①]在教育叙事活动中，"讲故事"的人是教师，研究者既可以是教师，也可以是其他研究人员。"教育叙事主要指教师的教育叙事，通常表现为教学叙事，它是教师教学反思的主要途径之一，具体是指教师将自己的某节'课堂教学'或经历的某个教育事件讲述给他人听，或者以反思日记和教育随笔的方式记录下来，使之成为一份相对完整的案例，为自己以后的教学提供借鉴和启示的过程。在这里，教师既是叙述者，又是研究者。"[②]

思政课教学叙事艺术的呈现方式体现在多个方面，不同的呈现方式都旨在激发学生的兴趣，提高思政课的教学效果。思政课教学叙事艺术的呈现方式如图 1-3 所示。

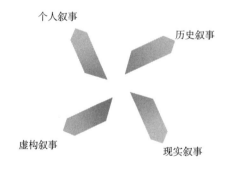

图 1-3　思政课教学叙事艺术的呈现方式

1. 个人叙事

个人叙事往往通过历史人物的事迹、时代楷模的经历或者普通人的日常生活来呈现。这些叙事不局限于成功的典范，还包括面对困难和挑

① 杨翠娥. 走向生命关怀的教师专业发展 [M]. 北京：知识产权出版社，2015：60.
② 杨翠娥. 走向生命关怀的教师专业发展 [M]. 北京：知识产权出版社，2015：60.

战时的抉择与努力，反映了人物的思想深度和道德高度。教师对这些个人故事的叙述，能使学生在情境中思考，在故事中学习，在情感中接受思政教育。

个人叙事的魅力在于其生动具体、真实感人。每个人的经历都是独一无二的，每个人的心路历程都充满了生活的智慧和情感的色彩。在这样的个人故事中，理论观点和价值取向不再是抽象的概念和条文，而是活生生的人物和情节，是可以感知、可以理解、可以共鸣的人生体验。这样的叙事方式能够更直接地触动学生的内心，使学生从情感上接纳和理解课程中的理论和价值。更重要的是，个人叙事中的人物和故事通常与学生的生活经验和认知需求紧密相关，切合他们的生活实际，能够激发他们的学习兴趣。学生可以通过比较、反思、模仿、创造等多种方式，将个人叙事中的理论和价值与自己的生活经验和价值观建立联系，使学习过程成为自我理解和自我发展的过程。另外，个人叙事的讲述和展示，往往也具有很高的艺术性和审美性。生动的情节、鲜明的人物、深情的语言、美妙的音乐等元素，都能够激发学生的审美体验，增加他们的学习愉悦感。这样的教学方式不仅可以增强学生的学习效果，而且可以提高他们的审美素养，培养他们的人文情怀。

个人叙事作为教学叙事艺术，既有理论的深度，也有生活的广度；既有情感的温度，也有艺术的韵度。通过这样的教学方式，学生可以在感人的故事中理解深邃的理论，在生动的人生中体验崇高的价值，在个人的体验中发现普遍的真理，在艺术的享受中实现学习的目标。因此，个人叙事对于思政课程教学具有重要的价值和意义。

2.历史叙事

历史叙事是思政教育叙事艺术中的重要呈现方式，它以历史事件和人物为主线，通过讲述历史的发展过程和人物的事迹，展示和解释某种理论观点或价值取向。这种叙事方式的力量来自其深厚的历史根基和文化底蕴，它能帮助学生在时间的长河中看到人类社会的演进和发展，从而建立起对历史和社会的宏观理解和深入感知。历史叙事强调历史的连续性和变迁性，以人类社会的历史演变为背景，关注历史事件和人物在特定的历史条件下的行为和选择，以及其对社会历史发展的影响。这种宏大的叙述视角，可以使学生超越个体的局限，更全面、更深入地理解人类社会和历史的发展。

历史叙事中的事件和人物，因其特殊的历史地位和影响力，往往承载了丰富的社会理论和价值意蕴。他们的行为和选择，他们的成功和失败，都可以为学生提供关于如何理解世界、如何做人、如何处世的重要启示。学生可以通过理解和反思历史，发现和把握社会发展的规律，明确和坚定自己的价值取向。同时，历史叙事中的故事和人物，也具有很高的艺术魅力和教育价值。历史人物的伟大事迹、感人言行，都能够深深打动学生的心灵，激发他们的情感共鸣，使他们在感动和敬仰中接纳和理解课程中的理论和价值。同时，历史事件的复杂性和多元性，也为教师提供了丰富的教学资源，使教学活动变得更加生动和丰富。

3. 现实叙事

现实叙事主要是指通过真实事件的讲述，展现理论知识与现实生活的密切联系。现实叙事依托于生活实例、历史事件、社会现象等，其核心在于将抽象的思政理论以具体、生动的形式呈现给学生，使学生在认知和情感上能与所学知识产生共鸣，进而深化对思政课内容的理解和认同。

作为一种教学手段，现实叙事通过精心设计故事情节，引导学生步入真实的社会情境，面对具体的社会问题和道德困境。这种叙事方式强调故事内容的真实性和时代性，能够激发学生的学习兴趣，提高学生对社会现实的敏感度和批判性思维能力。通过反映社会现实的叙事，教师能够引发学生对现实问题的关注，促使学生思考如何将所学知识应用于实际生活中，实现知行合一。在实施现实叙事的教学过程中，教师需关注叙事内容的选择和处理，确保叙事与教学目标的契合度。故事的选择应紧贴学生生活经验和社会热点问题，并通过对现实问题的探讨和分析，展现思政理论的现实意义和应用价值。同时，教师应注重叙事技巧的运用，如情节构建、人物刻画、语言表达等，以增强叙事的感染力和说服力。

4.虚构叙事

虚构叙事不是简单地摆脱现实，而是通过对现实的超越和重构，达到更深层次的教育目的。这种叙事方式具有独特的优势，能够激发学生的想象力，增强教学内容的吸引力，同时寓教于乐，让抽象的思政理论知识生动地具现在学生心中。

虚构叙事在思政课教学中的运用，关键在于如何设计故事情节和人物角色，以及如何将思政教育内容融入虚构的故事中，使之既能引起学生的兴趣，又能达到教学目的。虚构叙事通常是通过设定一个或多个虚构人物，构建一个与课程主题相关的情境，再通过人物之间的对话、冲突和解决过程，展现思政理论的实践意义和价值导向。在设计虚构叙事时，教师需要充分考虑故事的可信度和吸引力。即使是虚构的情节，也需要建立在一定的现实基础之上，使学生能够产生共鸣。同时，故事中的冲突和问题解决过程，应紧密结合思政课程的教学目标，通过故事的推进让学生逐步理解和掌握理论知识，引导学生思考现实生活中的相似问题，促进学生价值观的形成和个人品质的提升。

三、思政课教学叙事艺术的现实性与必要性

思政课教学叙事艺术在当今教育中具有重要的现实性与必要性。简单来说就是"教师有意识地叙说自己的教育故事，有利于教师反思自己的教育教学实践，促进教师发现、分析和解决教育教学实践中的真实问题，从而改进教育教学行为，提高自身的专业发展水平"①。

---

① 杨翠娥.走向生命关怀的教师专业发展[M].北京：知识产权出版社，2015：62.

传统的思政课常常面临学生学习兴趣不高、理论知识抽象难懂等问题。而叙事艺术首先能够以生动有趣的方式呈现教学内容，引发学生的兴趣和思考，提高学生学习的主动性和积极性。通过引入现实案例和个人经历，叙事艺术使理论知识与实际问题结合起来，提升了知识的实用性和可操作性。其次，叙事艺术能够培养学生的批判思维和判断力，通过分析故事中的问题和矛盾，引导学生形成独立的判断能力以及正确的价值观。再次，叙事艺术能够拉近学生与思想政治理论的距离，增强情感共鸣和认同感，使学生更容易接受和理解课程内容。最后，叙事艺术能够培养学生的思考能力和创造力，激发他们的问题意识和创造性思维，提高思维能力和解决问题的能力。

（一）思政课教学叙事艺术的现实性

思政课教学叙事艺术的现实性主要体现在以下几个方面。

第一，思政课教学通过叙事艺术的应用，将传统教育转变为一种更加生动有趣的学习体验。叙事艺术通过对故事、案例和事件的讲述，将抽象的思想政治理论具体化、形象化，提升了学生对课程内容的理解和兴趣。叙事艺术的运用，不仅是对事件的简单叙述，而且是通过对情节的铺展、人物的刻画以及情感的渲染，构建出一个个充满教育意义的故事情境，使学生在情境中学习，在故事中思考。

第二，叙事艺术将抽象的思想政治理论与实际问题和社会背景结合起来，可以提高学生对所学知识的实际应用能力。传统的思政课常常局限于理论讲解，学生难以将抽象的概念与实际问题联系起来。而通过引入现实案例和个人经历，叙事艺术能够将抽象的理论知识置于实际背景中，让学生更好地理解和应用所学知识。通过分析具体的案例和情境，学生可以将理论知识运用到实际问题的解决中，培养自己的实际应用能力和问题解决能力。

第三，叙事艺术的运用打破了传统的单向灌输模式，使教学更具吸引力。在传统思政课中，教师往往是主导者，负责将抽象的理论知识传授给学生。而在叙事艺术教学中，学生成为知识的主动建构者，通过参与故事情节的构建和讨论，积极思考和探索。这种参与性为学生提供了更广阔的学习空间和机会，使他们能够从观察、思考和探索中获得知识。在叙事中，学生可以与教师和其他同学进行交流和分享，表达自己的观点和想法。这种双向交流的过程促进了学生之间的合作，培养了他们的表达能力和思维能力。学生不再被动地接受知识，而是主动地参与和建构知识，从而提高了自身的学习积极性和参与度。

第四，叙事艺术能引导学生进行批判性思考。故事情节中常常包含着问题和矛盾，涉及不同的价值观和观点。通过与故事情节的互动，学生被引导思考和分析这些问题，挑战和质疑现有的观点和价值观。他们能够培养批判思维和辨析能力，形成独立的判断和价值观。这样的思考过程使学生更具有批判性思维和分析问题的能力，为他们在日常生活和社会实践中做出明智的选择和决策提供了基础。这也有效激发了学生的学习热情，提高了学习参与度。通过生动有趣的叙事方式，学生能够在情感上与故事中的人物产生共鸣，对故事情节产生兴趣和关注。这种情感共鸣能够促使学生更加投入地参与教学活动，从而提高学习的效果。此外，叙事艺术还可以提供丰富的视觉、听觉和情感体验，丰富学习过程，增强学生对知识的记忆和理解。

（二）思政课教学叙事艺术的必要性

在高等教育领域中，思政课教学不仅承担着传授知识的任务，而且肩负着塑造学生价值观、培养学生社会责任感和历史使命感的重任。叙事艺术作为一种强有力的教学手段，在思政课教学中的应用显得尤为必要。叙事艺术通过讲故事的形式，将抽象的理论知识转化为生动具体的情境，使学生能够在感知和情感的层面上与教学内容产生共鸣。这种方式能够增强教学的吸引力，提升学生的学习兴趣，还能够促进学生对知识的深入理解和长期记忆。在思政课教学中，叙事艺术的必要性体现在以下几个方面。

1.叙事艺术能够有效地将理论与实践结合起来

叙事艺术教学引入生动的历史事件、人物事迹或社会现象，不仅仅是为了讲述一个故事，而是通过这些故事背后蕴含的深层意义，使学生深刻地理解和感受理论知识的生命力和实践价值。这种教学方式，拓宽了思政课教学的边界，使抽象的理论知识变得具体、形象，从而更容易被学生所理解和吸收。通过叙事艺术，教师能够将复杂的理论概念、政治原理以及思想道德规范等，融入具体的历史脉络、社会背景和人物经历中。这样的教学方法，让学生在视听感受中获得知识，更重要的是，它促进了学生主动思考如何将这些理论知识应用到实际生活和社会实践中。例如，讲述革命先烈的英勇事迹，可以激发学生的爱国情感，同时深化学生对社会主义核心价值观的理解和认同；分析某一历史事件的发展过程，可以帮助学生理解特定政治理论的产生背景和实践意义。

2.叙事艺术有助于情感教育的深入

情感教育旨在通过激发学生的情感体验，培养学生正确的价值观和道德情操，叙事艺术正是实现这一目标的有效途径。叙事艺术通过构建生动的故事情境，使学生身临其境地感受人物的心路历程，体验人物所面临的道德抉择和情感冲突。这种情感的体验远比抽象的道德讲授更能打动人心，更易于让学生产生情感共鸣。例如，通过讲述历史上的英雄人物或身边的榜样人物如何在困难中坚守信念、如何面对道德考验的故事，学生既能学习到具体的道德行为标准，还能深刻感受到这些行为背后的情感动力和价值追求。在这个过程中，学生的情感不仅被激发出来，他们的道德判断和价值选择也在不断地被引导和塑造。叙事艺术使道德教育不再是上层建筑对下层建筑的单向灌输，而是一个情感共鸣和价值共识的生成过程。学生在感受故事情感的同时，也在不断地反思自己的行为准则和价值取向，这种反思在情感的驱动下更加深刻和持久。此外，叙事艺术在情感教育中的应用，还体现在其能够跨越时间和空间的限制，将学生与广泛的文化和历史背景联系起来。通过不同时代、不同文化背景下的故事，学生能够理解和感悟人类共同的道德追求和情感体验，从而培养出更加宽广的世界观和更加深厚的人文情怀。

3.叙事艺术强化了教学的互动性和参与感

通过叙事，教师可以创造出模拟的社会现实环境，引导学生扮演不同的角色，参与故事的发展。这种角色扮演和情境模拟不仅使学生在体验中学习，更增强了学生之间的交流和合作，提升了课堂的互动性和学习的趣味性。

通过角色扮演，学生可以身临其境地感受不同历史时期或社会背景下人物的思想情感和行为选择，这种方法可以有效地激发学生的学习兴趣，增强他们对课程内容的理解和认识。学生在角色扮演过程中，除了要理解角色的历史背景和社会环境之外，还需要深入分析角色的心理活动和行为动机，这种深度的参与和思考有助于培养学生的同理心和批判性思维能力。情境模拟则通过创设接近现实的教学场景，让学生在模拟的环境中应用所学知识解决问题，这能够提高学生解决实际问题的能力，还能增强学生的团队协作意识。在这一过程中，学生不仅是知识的接受者，更是问题的解决者和知识的创造者，这种积极主动的学习态度是传统教学方法难以达到的。叙事艺术通过故事的形式增强了教学内容的连贯性和逻辑性，使学生能够在宏观的视角下理解复杂的社会现象和历史进程。这种宏观的理解能力对于培养学生的历史意识、国家意识和全球视野具有重要意义。

4.叙事艺术有助于激发与培养学生的思考能力和创造力

在传统的思政课中，学生往往以被动接受知识为主，缺乏独立思考能力和创造力的培养。叙事艺术的应用，则可以有效激发学生的思考能力和创造力。

叙事艺术能够激发学生的思考能力。在叙事艺术的引导下，学生被鼓励以主体的姿态参与教学活动，不再是被动地记忆和接受，而是积极地思考和探索。叙事中的情节发展、人物冲突、道德选择等元素，为学生提供了丰富的思考素材。在这些故事情境中，学生需要运用自己的逻辑思维和批判性思维，分析人物行为背后的动机，评价不同行为的是非得失，探讨面对类似情境的不同应对策略。这种过程不仅锻炼了学生的思考能力，而且培养了他们对复杂社会现象的深入理解和分析能力。

叙事艺术可以激发学生的创造力。在叙事教学过程中，教师可以引导学生根据已有的故事情境，想象和构建新的情节发展，或者创作出自己的故事。这种创作活动不仅能够提高学生对课程内容的兴趣和参与度，还激发了学生的想象力和创新思维，促使学生在思维的碰撞中产生新的想法和解决方案。通过这种方式，学生能够在创造性思维的激发和培养中，形成独立思考和自主学习的能力。在叙事艺术的帮助下，思政课不再局限于传授知识这种平面教学，而是成为一种培养学生思考能力和创造力的多维空间。通过故事的叙述和情境的模拟，学生被置于一个既真实又充满想象的学习环境中，这种环境既激发了学生的学习热情，又促进了学生的全面发展。

第二节　思政课教学叙事艺术的意义与价值

一、有助于提高学生的表达能力和演讲能力

思政课教学叙事艺术在提高学生的表达能力和演讲能力方面具有积极的作用。

第一，思政课教学叙事艺术可以为学生提供表达自己的机会，通过角色扮演和情景再现，学生可以在一个相对安全和支持性的环境中展示自己的表达能力，逐渐建立自信心。而为了在故事情节的表演和演讲过

程中清晰地表达自己的观点和情感，学生需要准备和组织语言。这一过程不仅能够锻炼学生的口头表达能力，而且能提高学生的演讲能力。

第二，思政课教学叙事艺术注重情节和角色的演绎，学生需要通过动作、表情等非语言手段来传达情感和意义。这种综合性的非语言表达能够提高学生的整体演讲表达能力。此外，思政课教学叙事艺术还要求学生将抽象的概念和思想通过故事情节生动有力地叙述出来。基于此，学生可以将自己的观点和想法融入故事情节中，以故事的方式进行演讲，从而增强演讲的影响力。在此过程中，学生可以学习如何构建故事结构、如何选择适当的语言和节奏，以及如何运用修辞手法和情感表达来吸引听众的注意力并引起听众的共鸣。

第三，思政课教学叙事艺术可以启发学生的创造力，还鼓励学生在演讲中运用多种艺术元素，如音乐、绘画、戏剧等，来增强演讲的艺术性和创造性，使演讲更加生动、有趣和富有感染力。音乐作为情感的直接表达方式，能够快速构建起演讲者与听众之间的情感桥梁。在思政课的演讲中，背景音乐的巧妙运用可以增强演讲的情感渲染力，使抽象的理论知识在悠扬的旋律中变得生动起来，进而提升听众的情感共鸣与接受度。绘画则以其直观性与形象性在演讲中发挥着视觉支撑的作用。教师通过展示与演讲主题相关的画作，可以直观地展现演讲内容，激发学生的想象力，使演讲内容更易于学生理解和记忆。此外，绘画创作这一过程本身就是一种思考和表达的过程，鼓励学生在演讲准备阶段进行绘画创作，有助于深化学生对演讲主题的理解和体会。戏剧是一种综合性较强的艺术形式，其通过角色扮演、情节构建等方式，在思政课演讲中展现出较高的教育价值。戏剧的互动性与表演性极大地提高了演讲的吸引力和感染力，使学生在扮演不同角色的过程中更深入地理解和体会理论知识与社会现实的联系。将叙事艺术与多种艺术元素结合起来，使思政课演讲不再是单一的知识传递，而是变成了一场富有创造性和艺术性的表达活动。这种教学方法不仅能够充分调动学生的积极性和创造性，还能够促进学生在思考、感受与表达中全面发展，为学生今后的学习生活和社会实践奠定坚实的基础。

二、有助于培养学生的审美情趣和文化素养

思政课教学叙事艺术的运用，不仅是为了增强教学的吸引力和感染力，更在于通过故事的力量培养学生的审美情趣和文化素养。叙事艺术是一种重要的文化表达方式，其内涵丰富、形式多样，通过对人物、事件、时间和空间的艺术加工和再现，能够深化学生对美的认识和理解，提升学生的审美和文化素养。

在思政课程中，通过叙事艺术的运用，教师可以将枯燥的政治理论、历史事件和社会现象转化为生动、贴近学生生活的故事，这些故事不仅承载着丰富的思想政治内容，而且蕴含着深邃的文化意蕴和审美价值。通过故事的叙述，学生能够在情感共鸣中理解和感悟社会主义核心价值观的内涵，培养对美好事物的追求和向往，从而提升个人的审美情趣和文化素养。

一方面，叙事艺术的运用有助于增强思政课程的文化性和艺术性。每一个故事都是一种文化的缩影，承载着特定历史时期的文化背景和社会价值观。通过故事，学生不仅能够学习到具体的政治理论知识，更能够接触不同的文化元素和审美风格，从而在无形中增强自己的文化素养和审美能力。例如，通过叙述革命历史事件的故事，可以让学生感受到革命先烈的英勇无畏和伟大牺牲，激发学生的爱国情怀，还能够让学生体会到特定历史时期的文化氛围和社会风貌，从而提升学生的文化认同感和民族自豪感。

另一方面，叙事艺术通过情节的发展、人物的塑造和语言的运用等手法，能够有效培养学生的审美情趣。在故事的叙述过程中，教师可以巧妙地将美的元素融入其中，如通过对自然景观的描绘、人物情感的细腻表达等方式，引导学生在享受故事的同时，感受语言和情节的美，体

验真挚、深刻的人物情感。这种审美体验不仅能够丰富学生的情感世界，还能够激发学生对美的追求和创造，进而使学生在日常生活中提高自己的审美判断力和审美创造力。

三、有助于培养学生的人文关怀和社会责任感

思政课教学叙事艺术在培养学生的人文关怀和社会责任感方面展现出独特的价值。

叙事艺术通过具体生动的故事情节，使学生能够跨越时间与空间的限制，与故事中的人物建立情感联系，体验不同角色的生活境遇和心理活动。这种情感的体验和共鸣，是培养学生人文关怀精神的重要途径。通过与故事人物的情感共鸣，学生能够感受故事人物的喜怒哀乐，理解不同文化和社会背景下人们的生活状态和心理需求，从而培育出对他人的关怀和同理心。在叙事艺术中，社会问题和价值观的冲突常常是故事情节发展的关键。通过对这些现实案例的讲述和分析，学生被引导深入思考社会的多样性和复杂性，认识到社会问题产生的根源以及解决方案的多维性。这种对社会问题深入的探讨和反思，有助于学生形成对公共事务的深切关注和积极的参与意识，进而培养出强烈的社会责任感。

叙事艺术通过展现社会问题的现实性和紧迫性，能够激发学生参与社会实践和公益活动的意愿。通过故事的情境模拟，学生能够直观地感受到社会问题对个人乃至社会的影响，激发起改善现状、积极参与社会发展的动力。这种通过故事体验和情感共鸣激发的社会责任感，对学生形成积极的社会参与态度具有重要意义。叙事艺术在思政课教学中的应用，还能够引导学生在面对道德问题和伦理挑战时进行深入的思考和独立的判断。教师通过展现故事中人物的道德抉择、价值冲突，鼓励学生进行道德思考和伦理评价，从而使学生形成独立的道德观念和判断能力。这不仅促进了学生道德素质的提升，而且为学生日后面对复杂社会现象和道德冲突提供了思考，培养了处理问题的能力。

四、有助于增强教师群体的政治理论素养

思政课教学叙事艺术除了对学生有深远影响之外，对教师群体也有着重要的作用。特别是在增强教师的政治理论素养方面，叙事艺术的运用发挥着不可替代的作用。叙事艺术的运用，使教师在传授知识的同时，不断增强自己对政治理论的理解与应用能力，进而更有效地引导学生形成正确的世界观、人生观和价值观。

叙事艺术的运用，要求教师不仅是知识的传授者，更是故事的讲述者和情感的引导者。在这一过程中，教师需要深入挖掘政治理论中蕴含的丰富内容和深刻思想，通过具体、生动的叙述方式，使抽象的政治理论知识变得形象化和情境化。这促使教师在准备教材、设计教学方案的过程中不断深化对政治理论的理解和把握，从而提升自身的政治理论素养。

叙事艺术的运用，能够促进教师在教学实践中的创新能力和批判性思维能力的发展。在构建教学叙事时，教师需要对故事背景、人物性格、事件发展等的选择和设计深思熟虑，这不仅涉及对教学内容的深入理解，还包括如何将理论知识与实际生活、历史事件或者社会现象紧密结合的能力。这种能力的培养，无疑加深了教师对政治理论与现实生活联系的认识，提高了运用政治理论分析和解决实际问题的能力。

叙事艺术的运用，有助于培养教师的情感表达能力和传递能力。在叙事过程中，教师不仅要传递知识信息，还要传达与之相匹配的情感和价值观。这要求教师在理解政治理论的基础上，准确把握和表达其中蕴含的情感色彩和价值倾向，进而影响和塑造学生的情感态度和价值取向。通过这一过程，教师的情感表达能力和价值引导能力将得到显著提高。

叙事艺术的运用，也是教师自我修养的过程。在选择和构建叙事内容时，教师需要进行大量的阅读和研究，这不仅涉及对政治理论的学习，还涉及对文学、历史、哲学等多领域的知识积累。这种跨学科的学习和

研究，有助于教师形成宽广的知识视野和深厚的文化底蕴，从而在思政教育中更好地运用叙事艺术，提升教学效果。

五、有助于丰富课程体系并增强课程吸引力

在丰富课程体系方面，叙事艺术的引入打破了传统思政课程单一的教学模式，其通过多样化的叙事内容和形式，将理论与实践、历史与现实结合起来，构建出更为全面和立体的课程体系。故事和案例的运用，尤其是那些紧密联系当代生活和学生实际的内容，能够使学生在认知上获得新的视角，在感情上产生共鸣，从而更深刻地理解和掌握思想政治理论的精神实质和应用价值。

在增强课程吸引力方面，叙事艺术通过构建生动的教学情境，创造出充满张力和吸引力的学习环境。故事中的人物、情节发展、冲突和解决等元素，能够引起学生的好奇心和探索欲，使学生在不知不觉中加深对课程内容的理解。此外，叙事艺术还能够通过情感共鸣，增强学生对知识的感知力和接受度，使学生在情感层面与教学内容产生联系，从而提高学习的积极性和主动性。

第三节　思政课教学叙事艺术的重要性与可行性

一、思政课教学叙事艺术的重要性

思政课教学叙事艺术的重要性不言而喻。通过生动有趣的叙事艺术形式，教师能够打破常规，实现思政课程教育领域的更大收益。

（一）运用思政课教学叙事艺术有利于拓展学生的世界观、人生观与价值观

在思政课教学过程中，叙事艺术是一种有效的教学手段，它能够帮助学生形成正确的世界观、人生观和价值观。具体体现在以下方面。

思政课叙事艺术通过对人物、事件和情境的生动描绘，可以引导学生深入理解和接纳思政课程所宣扬的社会主义核心价值观。叙事教学中的故事情节和人物形象，往往能够直观、生动地表现出某种道德规范或社会价值，从而让学生在情感体验中理解和接受这些价值观。例如，通过讲述一位英雄人物的事迹，可以展现出勇气、正义、爱国等价值取向，从而引导学生树立正确的世界观、人生观和价值观。思政课叙事艺术可以帮助学生建立更广阔、更深入的世界观。通过展现各种不同的故事和情境，叙事教学可以帮助学生看到更多元、更复杂的世界。例如，通过讲述不同国家和文化的故事，可以帮助学生理解和尊重多元文化，拓宽学生的国际视野；通过讲述历史事件，可以帮助学生理解历史发展的复杂性和规律性，加深学生对历史和社会的理解。思政课叙事艺术还可以帮助学生深化对个人价值和人生意义的理解。叙事教学中的故事，往往会涉及人生的各种问题，如生死、爱情、友谊、梦想、挫折等，这些故事可以引发学生对自己人生的思考，帮助学生找到自己的价值取向和人生目标。

总的来说，在思政课教学中运用叙事艺术，不仅可以有效地传达和阐释课程所宣扬的社会主义核心价值观，还可以帮助学生建立更广阔、更深入的世界观，增强学生对个人价值和人生意义的理解，从而达到帮助学生形成正确的世界观、人生观和价值观的目的。

（二）运用思政课教学叙事艺术有利于学生完善自我认知以及确定人生追求

学生在通过故事和艺术作品中的角色与情境认识世界的同时，也在不断地认识和了解自己，以及自己在世界中的位置。

在故事的叙述中，学生会见证各色人物面对挑战、做出选择、影响他人的过程，从而引发对自身行为和决策的深度反思。这种通过故事进行的自我映射，不仅让学生在虚构或现实的叙述中寻找到了自我影子的反映，而且激发了学生对个人价值观、信仰、目标及其与外界互动方式的深入思考。叙事艺术的应用，进一步拓展了思政教育的维度，将抽象的道德教育和价值观念转化为具体可感、易于共鸣的情境体验。艺术的融入，如音乐、戏剧、绘画等，为学生提供了更为丰富的情感表达和内心探索的渠道。这种艺术与叙事的结合，不仅能够加深学生对故事情节的共鸣，而且能够使学生通过创造性的方式，探索和表达内心世界。艺术的力量在于其能够跨越语言的局限，直接触及人心，通过美的形式，引发情感的共鸣和思想的启发。因此，将艺术形式融入思政课教学，能够使教育内容成为一种情感和审美的体验，促进学生情感与认知的和谐发展。

叙事艺术同样对学生的人生追求有着深远的影响。故事中的角色往往具有丰富的内心世界和复杂的动机，这激发了学生对自己潜在的可能性和人生路径的探索欲望。通过分析和讨论角色的选择和其后果，学生可以更加明智地考虑自己的人生目标和追求。此外，故事中的角色往往需要展示勇气和决心来克服困难和达到目标，这为学生树立了积极的榜样，能够鼓励学生在自己的生活中追求卓越。而且，叙事艺术能够以一种深刻的方式展示人类的共通性和差异性。学生通过观察和体验不同文化和背景的人物，会意识到人类经历的多样性。这不仅能够增强他们的同理心和包容性，而且能够帮助他们认识到自己的人生追求并不需要被自己所处的环境或背景所限制。

（三）运用思政课教学叙事艺术有利于提高学生对思政课内容的理解和应用能力

叙事艺术有助于将抽象的理论知识转化为具体、生动的形象，使学生更直观、更深入地理解课程内容。同时，叙事艺术这种方式更容易引发学生的兴趣，提高他们的学习积极性，从而提高他们对思政课内容的理解和应用能力。

叙事艺术是一种有效的知识传递方式。人类的大脑天生就善于理解和记忆故事，这是因为故事能够为抽象的概念提供情境化的环境，帮助人们更好地理解和记忆信息。当人们阅读或听一个故事时，不仅可以理解故事的内容，还可以理解故事的情境、人物、冲突和解决方式等元素。这种理解方式更符合人类的认知习惯，能够提高人们对信息的理解和记忆。

叙事艺术能够使学生更深入地理解和应用思政课内容。通过叙事艺术，学生可以看到理论知识在实际生活中的应用，理解这些知识对解决实际问题的价值。这种理解方式更加深入和全面，有助于提高学生对知识的掌握程度。此外，叙事艺术还能够提高学生的学习积极性。相比于传统的讲授方式，叙事艺术更能激发学生的兴趣，使他们愿意主动投入学习过程。通过参与故事的讨论和创作，学生能够更深入地思考问题，更好地理解和掌握知识。

总的来说，运用思政课教学叙事艺术，可以提高学生对思政课内容的理解和记忆，还可以激发他们的学习兴趣，增强他们的学习积极性，从而提高他们的应用能力。

二、思政课教学叙事艺术的可行性

思政课教学叙事艺术的可行性显而易见。丰富的教材和资源为其提供了支持，现代化教学手段和技术为其应用提供了便利。教师还可以接受相关的专业培训，学校和教育机构可以组织教师培训课程和研讨会。叙事艺术的应用也能够满足学生对个性化教学和参与度的需求。综合来看，思政课教学叙事艺术具有很强的可行性。

（一）丰富的教材和资源是思政课教学叙事艺术的重要支持

丰富的教材和资源无疑是思政课教学叙事艺术的重要支持，为教师提供了丰富的素材和思考角度，为学生提供了广阔的知识视野和深入理解的可能。教材和资源的丰富性可以从多个方面体现。

教材内容是否丰富决定了教师能否有效地运用叙事艺术进行教学。好的教材应该包含丰富的历史事件、现实问题、人物故事和理论观点等内容，这些内容能够为教师提供丰富的叙事素材和艺术表达的资源，帮助教师设计出有深度、有广度、有趣味性的教学活动。

各种辅助教学资源，如电影和电视剧、文学作品、报纸和杂志、社区和社会服务等，也是思政课教学的重要支持。这些资源能够为教师提供更多元、更生活化的教学内容，帮助教师拓宽教学视野，丰富教学方法，使教学更加接近学生的生活，更加贴近时代的主题。另外，学生的参与和交流也是思政课教学的重要资源。通过讨论和交流，学生可以分享他们的理解和感受，提出他们的问题和疑惑，从而丰富和深化课堂教学的内容。同时，教师可以通过引导和回应学生的交流，发现和解决学生的学习困惑，提高学生的学习兴趣和学习效果。

总的来说，丰富的教材和资源为思政课教学叙事艺术提供了重要的支持，为教师和学生提供了丰富的学习内容和思考角度，为教学的丰富性和深入性创造了可能。因此，教师应该重视和利用这些资源，提高教学的效果和质量。

（二）现代化教学手段和技术是思政课教学叙事艺术的重要支持

随着信息技术的飞速发展，多媒体和网络技术等现代化教学工具日益丰富，为思政课的叙事艺术教学提供了实现空间和多种多样的展现形式。通过有效融合现代教学技术，可以极大地丰富叙事内容，拓展叙事形式，增强叙事效果，进而提高思政课教学的吸引力和感染力，促进学生的全面发展。在叙事艺术的应用过程中，现代化教学手段和技术的运用主要表现在以下几个方面。

多媒体技术能够将文字、图片、音频、视频等多种媒介有机结合起来，为思政课叙事提供了丰富的表达方式。通过多媒体演示，教师可以将复杂的历史事件、典型人物事迹以及理论知识通过生动的视听材料展现给学生，使学生在多感官的体验中加深对知识的理解和记忆。

互联网提供了一个开放、互动的学习平台，教师和学生可以通过网络资源进行更广泛的信息交流和知识共享。利用网络平台，教师可以组织在线讨论、案例分析等活动，引导学生在实际的社会背景中理解和探讨思政理论，从而提高学生的思辨能力和实践能力。

虚拟现实（virtual reality, VR）技术和增强现实（augment reality, AR）技术的应用，为思政课叙事艺术开辟了新的维度。利用虚拟现实技术，教师可以构建一个沉浸式的学习环境，让学生仿佛置身于历史现场或者理论场景之中，从而达到更好的教学效果。这种沉浸式体验不仅可以增强学生的学习兴趣，还能深化学生对知识的理解和感悟。

（三）专业的教师团队是思政课教学叙事艺术的重要支持

专业的教师团队无疑是思政课教学叙事艺术的重要支持。教师不仅是知识的传授者，更是学生的引导者和伙伴，对学生的学习和发展具有重要影响。因此，教师需要具备深厚的理论素养和专业知识、优秀的叙事技巧和艺术修养、良好的教育理念和教育态度。

首先，教师要具备深厚的理论素养和专业知识。教师只有对思政课程的理论知识有深入的理解，才能从中挖掘出有教育意义的故事，用叙事的方式来阐释和传授这些知识。此外，教师还需要具备身后的文化素养和历史素养，以便从历史和文化的角度对叙事内容进行丰富和拓展。

其次，教师要具备优秀的叙事技巧和艺术修养。叙事教学不仅需要精彩的故事，更需要生动的叙述和演绎。只有将故事以生动、鲜活的方式呈现出来，才能吸引学生的注意力，激发他们的兴趣，引发他们的思考。而教师的叙事技巧和艺术修养，对于提升叙事的吸引力和感染力，增强叙事的教育效果具有关键作用。

最后，教师需要具备良好的教育理念和教育态度。教师的教育理念和教育态度，直接影响到教学的方式和效果。一个以人为本、注重学生全面发展、重视学生主体性的教师，更可能运用叙事教学，激发学生的学习主动性，促进他们的全面发展。

综上所述，专业的教师团队是实现高质量思政课教学的关键。在教师的引领下，叙事教学能够发挥出巨大的潜力，成为一种高效的教学方法，从而为学生的成长和发展打下坚实的基础。

第四节　思政课教学叙事艺术与学生认知思维发展的关系

一、思政课教学叙事艺术能够帮助学生理解并掌握复杂的理论知识

通过运用叙事艺术开展课堂教学，教师可以将抽象的理论知识和生动的故事情境结合起来，帮助学生更直观地理解和记忆这些知识。这种方式使知识内容不再枯燥无味，学生在故事情境中领略和理解复杂的理论概念，知识的学习变得更加轻松和有趣。同时，叙事艺术教学能够把复杂的概念和理论通过人物、事件和情节生动形象地展现出来，引导学生沉浸在生动的故事中，从而加深学生对理论知识的理解。在叙事中，每个人物、每个情节都可能是理论知识的体现和示例，学生在理解故事的同时，也在理解和接纳理论知识。另外，叙事艺术教学不仅可以帮助学生理解理论知识，还可以帮助他们将这些知识与现实生活联系起来，进一步提高他们的理解和应用能力。在具体的故事情境中，学生可以看到理论知识在实际生活中的应用和体现，从而理解知识的实际意义和价值。

叙事艺术为学生提供了一种全新的学习方式，使他们能够在轻松和愉快的氛围中理解和掌握复杂的理论知识，从而提升了他们的学习兴趣和学习效果。

二、思政课教学叙事艺术能够激发学生的思考和创新思维

叙事艺术在思政课教学中的应用，能够激发学生的想象力和创新能力，进而提高他们的思考能力。一方面，通过具体的人物、事件和情境，叙事艺术教学使抽象的思政理论知识具象化，使学生能够更直观、更生动地理解和掌握这些知识，也使学生能够更容易地联系到自己的实际生活，从而引发他们的思考和联想。另一方面，艺术元素的引入，如通过电影、音乐、绘画等多种艺术形式呈现的教学内容，能够开阔学生的视野，激发他们的想象力，让他们从多角度、多维度去理解和解读教学内容，从而培养他们的创新意识和能力。同时，这种教学方式也鼓励学生主动思考，并提出自己对教学内容的理解和见解，这进一步提高了他们的批判性思维能力。此外，叙事艺术在很大程度上弥补了传统教学方式的不足，能够更好地引导学生主动学习，提高他们的学习积极性和自主性。通过创设情境，引发学生思考和讨论，教师可以引导学生主动探索问题，使学生形成自己的知识体系，这对培养学生的自我学习能力和创新精神有着促进作用。

综上所述，思政课教学叙事艺术能够帮助学生理解和掌握复杂的理论知识，还能够激发他们的创新思维，提高他们的学习兴趣和学习效果。这是一种富有创新性和前瞻性的教学方法，对于提高思政课的教学质量和效果具有重要的价值和意义。

三、思政课教学叙事艺术可以提高学生的元认知能力

叙事艺术在思政课中的应用，能够有效提高学生的元认知能力，这对他们的自主学习和终身学习具有重要的推动作用。

元认知能力是指个体对自身认知过程的理解和控制能力，包括对学习策略的选择、使用和调整，以及对学习进程和结果的监控和评价。在叙事教学中，学生不仅要理解和掌握故事中的理论知识，还要对故事情节进行分析和解读，对人物角色进行模拟和演绎，这就需要学生运用和调整自身的学习策略，对自身的学习过程进行反思和调整。而艺术元素的引入，如电影、音乐、绘画等多种艺术形式的教学内容，能够开阔学生的视野，激发学生的想象力，让学生从多角度、多维度去理解和解读教学内容，这就需要学生对自身的学习策略进行选择和调整，对自身的学习进程和结果进行监控和评价，从而提高元认知能力。此外，叙事艺术还鼓励学生主动参与教学过程，发表自己的观点和看法，这既能够锻炼学生的思维能力，也能提高学生的自我认知能力，使学生更好地了解和掌握自身的学习状态和学习需求。所以，叙事艺术能够在思政课教学中提高学生的元认知能力，使学生更有效地理解和掌握教学内容，提高学生的学习效果，为学生的自主学习和终身学习奠定坚实的基础。

四、运用叙事艺术是对思政课程的丰富与发展

叙事艺术的应用，不仅可以改善思政课的教学效果，而且是对思政课程本身的丰富和发展。

在内容层面，叙事艺术可以引入丰富多样的叙事素材和艺术形式，使思政课程内容更加生动丰富，形象具体。这样，学生就可以从多元化的角度理解和感知社会主义核心价值观、马克思主义理论等思政课程中的重要观念和理论。在教学方式上，叙事艺术可以摆脱传统思政课教学中"灌输式"教学的窘境，引导学生积极参与教学过程，形成主动学习的态度和习惯。通过叙事和艺术创作，学生可以在实践中理解和掌握知识，培养自己的批判性思维和创新能力。在教学评价上，叙事艺术提供了新的评价视角和评价方式。除了对学生的知识掌握程度进行评价外，还可以评价他们的思维能力、创新能力、表达能力等综合素质。这样的

评价方式更符合教育的全面发展理念，有利于激发和培养学生的多元智能和综合素质。可见，运用叙事艺术，可以让思政课教学更加生动有趣，更能引起学生的兴趣和情感共鸣，提高他们的学习效果，也可以使思政课程内容更加丰富多元，更具有时代性和现实性，从而提高思政课的教学质量和社会影响力。

第五节　思政课教学叙事艺术与传统教学方法的异同分析

一、思政课教学叙事艺术与传统教学方法的相同之处

思政课教学叙事艺术在许多方面与传统教学方法有共通之处。在实际教学中，叙事艺术教学以及传统教学方法可以互相借鉴和结合，以适应不同的教学情境和学生需求，实现教学目标

（一）教学目标

第一，无论是哪种教学方法，它们的根本目标都是促进学生的学习和成长，通过引导和教育，让学生获取新的知识和技能，提升学生的认知水平。在思政课中，这种目标具体表现为让学生理解并接受社会主义核心价值观，培养学生的社会责任感和道德素养，以及提高学生的政治素质和文化素养。

第二，无论是哪种教学方法，都需要通过教师的专业知识和教学技巧，让学生理解和掌握复杂的理论知识，如政治经济理论、社会科学理论等。

第三，无论是哪种教学方法，都需要激发学生的学习兴趣和学习动

力，让他们在学习中发现问题、思考问题，通过自我探索和实践，提高思维能力和解决问题的能力。

第四，无论是哪种教学方法，都需要培养学生的批判性思维和创新意识，使学生在理解和接受现有知识的基础上进行分析和评价，提出自己的见解和建议，对新的情况和问题有自己的独立思考，并提出解决方案。

第五，在应用不同的教学方法时，教师需要根据教学目标和学生情况，灵活选择和调整教学策略，确保教学活动能够真正达到预期的目标，对学生的学习和发展产生实质性的影响。教师还需要关注学生的个体差异和发展需要，以更为人性化和个性化的方式，帮助每一个学生实现他们的学习目标和发展他们的潜能。

（二）教学过程

第一，叙事艺术教学方法和传统教学方法都强调在教学过程中教师和学生的互动。教学并不是单向的灌输，而是双向的交流和探索。在这个过程中，教师需要以生动有趣的方式呈现教学内容，通过举例、提问、讨论等手段，引导学生参与教学活动，激发学生的学习兴趣和学习动力。

第二，叙事艺术教学方法和传统教学方法都倡导教师以学生为中心，注重引导学生积极主动地参与学习过程。例如，教师可以鼓励学生提出自己的问题和观点，参与教学活动的设计和实施，甚至承担一部分教学任务，如担任小组讨论的组长、课堂报告的主讲人等。

第三，叙事艺术教学方法和传统教学方法都强调反思在教学过程中的重要性。教师需要引导学生对自己的学习进行反思，明确自己的学习目标和学习策略，了解自己的学习进度和学习问题，调整自己的学习行为和学习态度。通过反思，学生可以深化对知识的理解，提高学习效果，形成持久的学习习惯和学习能力。

第四，叙事艺术教学方法和传统教学方法都需要教师具有丰富的专业知识和教学技能，掌握各种教学策略和方法，具备良好的教学态度和教学热情。教师需要热爱教学、尊重学生，对学生的学习和发展充满信心和期待，还需要不断更新自己的教学理念和教学方法，提高自己的教学效果和教学水平。

（三）教学评价

第一，无论是采用叙事艺术教学方法，还是使用传统教学方法，教学评价都是必不可少的环节。通过对学生的学习情况进行评估，教师可以了解学生的学习进度和学习效果，为下一步的教学工作提供参考。这种评价不仅包括了对学生知识掌握程度的评价，而且包括了对学生学习能力、思维能力、情感态度等方面的评价。在叙事艺术教学中，对学生的评价往往更加关注其对叙述内容的理解深度、参与度，以及对个人价值观的反思和构建等方面。教师通过对学生的学习日志、课堂讨论和作业等进行评价，可以了解学生的学习情况，进而对教学内容和方法进行调整和优化。在传统教学方法中，评价方式通常是通过考试、测验、作业等形式对学生的知识掌握情况进行检测。这种评价方式侧重于对学生知识掌握程度的量化，为教师提供了对学生学习情况的直观反馈。

第二，无论是哪种教学形式，都强调将评价结果及时反馈给学生，使学生明确自己的学习状态，发现学习中的问题，有针对性地进行改进，从而更好地促进学习。同时，教师还能通过评价结果调整教学策略，优化教学过程，提高教学效果。

第三，无论是在叙事艺术教学还是在传统教学中，教学评价都应以学生为主体，尊重学生的个性差异，倡导公正、公平、公开的评价原则，旨在全面、准确地评价学生的学习情况，促进学生的全面发展。

（四）教学资源

无论是在叙事艺术教学还是在传统教学中，教学资源的运用都是不可或缺的。教学资源不仅为教学内容提供了素材和支持，而且为教学方法的实施提供了帮助，使教学过程更加丰富多彩，有助于提高教学效果。

在叙事艺术教学中，教学资源的选择和使用是关键。叙事艺术教学依赖于丰富而生动的故事，因此，良好的教学资源可以为叙事提供素材，增强教学的生动性和感染力。例如，教科书、参考书、历史文献、个人经历、社会事件、艺术作品等都可以成为叙事的资源。此外，网络资源和多媒体资源，如视频、音频、动画等，也可以作为直观生动的视听材料，使叙事更加生动有趣，从而引发学生的情感共鸣，提升学生的学习兴趣和参与度。

教学资源主要用于提供知识内容和教学参考。教科书和参考书是主要的教学资源，提供了系统全面的知识内容；网络资源和多媒体资源可以为教学提供丰富的形式和手段，使教学更加多元化，提高学生的学习效果。例如，网络课程、教育 APP、电子书等可以为学生提供便捷的学习方式和资源；PPT、影片、动画等多媒体资源可以使教学形式更加生动有趣，提高学生的学习兴趣和参与度。

总的来说，无论是叙事艺术教学还是传统教学，教学资源都是其实施的基础和保障，是丰富教学内容、提高教学效果的重要手段。因此，教师需要灵活运用各种教学资源，并结合教学目标和学生的学习需求，进行有效的教学设计和实施，以达到最佳的教学效果。

二、思政课教学叙事艺术与传统教学方法的不同之处

思政课教学叙事艺术与传统教学方法之间存在一些不同之处，需要注意的是，这些不同并不意味着一种方法优于另一种方法，它们只是各自适应不同的教学内容和教学环境，都有其独特的价值和意义。

（一）教学方式

传统的教学方式通常是以教师为中心，强调教师对学生的知识传授和技能训练。教师在教学过程中是主导者，学生是被动的接受者。教师按照课程大纲和既定的教学计划，通过讲解理论知识、演示实践技能、组织课堂讨论等多个环节进行教学；学生通过听讲、记笔记、完成作业、参与课堂讨论等方式，获取知识和提高技能。

而在叙事艺术教学中，教师和学生的角色发生了重大的变化。教师不再是单纯的知识传授者，而是成了故事的讲述者和引导者；学生不再是被动的知识接受者，而是成了故事的听众和参与者。教师通过讲述富有教育意义的故事，引导学生在感知和理解故事中自然地学习和理解理论知识，从而培养和提高学生的思维能力和实践能力。此外，叙事艺术教学中的故事不仅是知识的载体，更是情感的载体，是人文关怀的载体。故事中的人物、情节、情感等，都能触动学生的心灵，引发学生的共情和反思。这对于思政课教学来说，具有特别重要的意义。因为思政课不仅要教授理论知识，更要培养学生的情感态度和价值取向。通过讲述具有深刻思想内涵和鲜明价值取向的故事，可以有效地帮助学生理解和接受思政课的教育理念和教育目标。叙事艺术教学还是一种强调学生主体性的教学方式。教师讲述故事，学生听故事，但更重要的是学生需要在故事中找到自我，找到对自我和世界的理解。学生需要从故事中获取信息，从故事中学习思考，从故事中获得启示。学生可以根据自己的理解和体验，对故事进行解读，对故事进行反思，甚至可以创作自己的故事。这样，学生就从被动的学习者变成了主动的思考者和创造者。

（二）学习氛围

在传统教学模式下，课堂氛围往往是严谨、庄重和理性的，以适应理论知识的严密性和科学性。在这种教学模式下，教师通常会强调知识的精确性和逻辑性，鼓励学生理性地分析问题，客观地评价结果。这种教学模式往往倾向于通过标准化的测试和评价体系，对学生的学习进度和学习效果进行严格的量化评价。在这样的学习环境中，学生往往需要将大量的精力放在理解理论知识和提高考试成绩上。

而采用叙事艺术开展教学的课堂氛围则大大不同。在这种模式下，故事的引入使课堂氛围更为轻松、活泼和多元。叙事艺术教学强调的是感性认识和情感关怀，通过生动有趣的故事，激发学生的学习兴趣，引发他们的情感共鸣。在这种教学模式下，教师通常会强调故事的感人之处，引导学生从故事中获取人生智慧，体验生活真谛。在这样的学习环境中，学生往往更愿意参与教学活动，更容易产生对知识的兴趣和热情。此外，叙事艺术教学还强调教师和学生之间的人文关怀和情感交流。在这种教学模式下，教师不仅是知识的传授者，更是学生的朋友和伙伴。他们通过共享故事，理解和尊重彼此的差异，建立深厚的情感联系。在这样的学习环境中，学生不仅可以获得知识，更能获得情感的满足和人格的成长。

因此，叙事艺术教学与传统教学相比，课堂氛围更为轻松和愉快，更注重情感引导和人文关怀，更有利于学生的全面发展。而这恰恰也是思政课教学追求的目标，即通过教学活动，帮助学生形成正确的世界观、人生观和价值观，培养学生的社会责任感和历史使命感。

（三）教学效果

在传统的教学方式中，讲解、问答、研讨等教学手段通常侧重对知识和技能的传授。教师以授课为主，学生以听课为主，即通过传统的教学手段，使学生理解和掌握相关理论知识，提高其解决问题的能力。这种教学方式通常采用标准化的考试和评估方式，以量化的方式衡量学生的学习成果。在这种情况下，教学效果主要体现在学生对知识的掌握程度和技能应用能力上，重视的是学生的"知识性"成绩。然而，这种传统的教学方式往往忽视了学生的情感需求和价值观塑造，可能会导致学生对学习的兴趣减弱，甚至产生对学习的厌倦感。因此，如何激发学生的学习热情，如何提高学生的学习效率，已经成为教育工作者需要面对的重要问题。而叙事艺术则是针对这一问题提出的有效解决方案。

叙事艺术教学通过讲述生动的故事，将理论知识与现实生活紧密联系起来，让学生在感知故事的过程中自然而然地理解和接受理论知识。同时，通过故事的情感熏陶，让学生在感动中接受价值观的启示和塑造，从而使学习变得更加有趣和富有意义。在这种教学方式下，教学效果主要体现在学生的情感态度和价值观上，重视的是学生的"人格性"成长。

因此，虽然叙事艺术教学与传统教学都旨在提高学生的学习效果，但其效果特征和重点有所不同。传统教学更侧重于提高学生的知识和技能，而叙事艺术教学则更侧重于塑造学生的情感态度和价值观。这也恰好体现了思政课教学的特色和要求，即在传授知识的同时，注重学生的思想教育和人格塑造。

（四）教学要求

在教学要求方面，思政课教学中的叙事艺术也对教师提出了一些特殊要求。虽然传统教学对教师的专业知识和教学技能有较高的要求，但叙事艺术教学更强调教师的叙事能力、创新思维、引导能力等。

1.叙事能力

教师需要具备良好的叙事能力，能够讲述生动有趣的故事，以吸引学生的兴趣和注意力。教师应该掌握叙事的技巧，包括故事结构和情节设置、角色刻画等，以使教学内容更具感染力和可理解性。

2.创新思维

教师需要具备创新思维，能够将抽象的思想政治理论与具体的实际问题和社会背景结合起来，以丰富教学内容。教师应该寻求新颖的教学方法和策略，为学生提供独特的学习体验和视角。

3.引导能力

教师需要具备良好的引导能力，能够引导学生积极参与故事情节的构建和讨论，以培养学生的思考能力和问题解决能力。教师应该善于提问，激发学生的思辨能力，促使学生自主思考和表达观点。

4.情感敏感度

教师需要具备较高的情感敏感度，能够准确捕捉学生的情感变化和需求，以建立起良好的师生关系。教师应该关注学生的情感体验，并能够通过叙事艺术表达情感，引发学生的共鸣和思考。

5.知识广度和深度

教师需要具备丰富的知识储备和思想政治理论素养。教师应该对相关领域的理论和实践有较为全面的了解，能够将故事情节与相关知识和背景结合起来，为学生提供更丰富的学习资源。

6.持续学习与知识更新能力

教师需要具备持续学习与知识更新的能力，不断探索和研究教学叙事艺术的新技巧和理念。教师应该关注教育领域的最新发展和研究成果，不断提升自己的教学水平和专业素养。

7.教学评估与反思能力

教师需要具备良好的教学评估与反思能力，能够及时调整和改进自己的教学方法和策略。教师应该善于收集学生的反馈，倾听学生的声音，不断优化教学过程，提高教学效果。

8.团队合作与分享精神

教师应具备团队合作与分享精神，与同事进行交流和合作，共同探索和实践叙事艺术在思政课教学中的应用。教师应该乐于分享自己的经验和教学成果，为教学团队的发展做出贡献。

第二章　思政课教学叙事艺术遵循的理念与原则

第一节　思政课教学叙事艺术遵循的理念

思政课叙事艺术遵循的理念如图 2-1 所示。

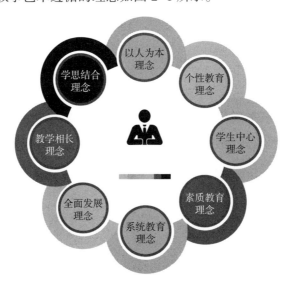

图 2-1　思政课叙事艺术遵循的理念

一、以人为本理念

（一）以人为本理念简介

"'以人为本'思想是科学发展观理论的本质和核心，是在马克思主义理论的指导下，把人作为社会发展的主体和目的，提出了人的全面、协调、可持续性发展的目标，并强调对人的关注和重视。"[1]以人为本是一种重要的教育理念，它强调将学生放在教育的核心位置，关注学生的需求、兴趣和发展；它强调每个学生的独特性和个体差异，倡导个性化教育和因材施教；它强调学生的主体地位，鼓励学生主动参与学习过程，发挥自己的主观能动性；它关注学生的情感体验和心理健康，尊重学生的个性差异；它注重学生的全面发展，不仅关注学生的学术能力，还关注学生的情感、品德、社交和实践能力等多个方面，以使学生适应快速变化的社会环境和未来的挑战；它强调教育的公平和包容，认为每个学生都应享有平等的教育机会，无论学生背景、能力或特殊需求如何。

以人为本的教育理念要求教师、学校和教育机构共同努力，为学生提供积极的学习环境和支持，以实现教育的社会价值和使命。教师应了解每个学生的个性和需求，倾听他们的声音，并尊重学生的观点和意见；教师应灵活运用不同的教学方法和策略，以满足学生的学习需求；教师还应为学生提供支持和指导，鼓励学生发挥自己的潜能，培养学生自主学习和解决问题的能力。学校应创造积极的学习环境和氛围，提供丰富多样的学习资源和机会。教育机构则应支持教师的专业发展，提供相关的培训和支持，以提高教师的教育能力和教学水平。

总而言之，"树立'以人为本'教育理念的根本目的，在于推进学生的全面发展，而德才兼备是全面发展的标准，道德价值是全面发展的内涵，非智力因素是全面发展的主导，人文教育是全面发展的底蕴，个性

---

[1]　袁帅.教育改革视域下的劳动教育思想及实践研究[M].北京：知识产权出版社，2020：150.

发展是全面发展的核心，国际人才的高素质是个性全面发展的借鉴"①。

（二）以人为本理念对思政课叙事艺术的实践指导

以人为本的教育理念为思政课教学叙事艺术的实践提供了重要的指导。

1. 关注学生的个体差异

叙事艺术的运用，能够提供多样化的教学情境，使教学内容生动化、情感化，从而针对学生的个体特点和兴趣，实现教学内容的个性化匹配和情感共鸣。在实践中，教师需深入了解学生的背景知识、兴趣爱好、情感态度等个体差异，选择或创编与学生生活经验紧密相关的故事材料。通过故事中的情节设置、人物关系和冲突转折，引导学生建立起与个人经验的联系，激发学生的学习兴趣，引发学生的情感共鸣，从而增强教学内容的吸引力和感染力。

2. 创造积极的学习环境

积极学习环境的构建，涉及物理空间的优化，以及情感氛围和文化氛围的营造。通过叙事艺术，教师能够有效地将抽象的思想政治理论具体化、形象化，使其更加生动、易于学生理解和接受。在这样的环境中，学生能够轻松愉悦地探索学习，并激起对知识的好奇心和探求欲。叙事中的人物经历、情节变化等，能够引发学生的情感共鸣，促进学生主动思考和深入讨论，从而加深对思想政治理论的理解和认识。

3. 引导学生进行个性化学习和自主思考

个性化学习的推进，要求教师充分考虑学生的个性特点和学习需求，设计符合学生兴趣和认知水平的教学内容。在故事的选择和叙述方式上，应允许学生根据自己的喜好进行选择，鼓励学生从多角度、多维度对故事进行解读和讨论。自主思考能力的培养，则是通过叙事艺术中情节的转折、人物的抉择等，引导学生主动思考道德困境、价值选择等问题。

---

① 段志忠，邹满丽，滕为兵．教育管理与学生心理健康 [M]．长春：吉林人民出版社，2017：96.

教师应鼓励学生提出自己的见解，甚至是质疑或挑战传统观念，从而培养学生的批判性思维能力和创新精神。

4.培养学生的情感和道德素养

以人为本理念在思政课教学叙事艺术的实践中，注重培养学生的情感和道德素养，通过故事的叙述和情境的创设，直接触及学生的情感世界，实现情感共鸣与道德启迪。叙事艺术通过情节的铺展、人物的塑造以及冲突的解决，展现了复杂的人性和道德选择，使学生在感知故事的同时，体验丰富的情感变化，从而理解背后的道德含义。这种方法使道德教育从抽象的讲授转变为具体、生动的体验，有助于学生在情感上认同道德价值，进而在实践中将其内化为个人的道德行为。故事中的正面典型激励学生学习先进人物的精神品质，而复杂情节中的道德抉择则促进学生进行深入思考，锻炼道德判断和道德决策能力。

5.与学生建立良好的师生关系

良好的师生关系基于相互尊重、理解和信任，为叙事教学提供了必要的人文环境。在这种关系中，教师不仅是知识的传授者，更是学生情感、思想的引导者和倾听者。叙事艺术的应用，要求教师深入了解学生的思想动态、兴趣爱好和心理特点，并以此为基础设计"接地气"的教学内容，使叙事更具吸引力和感染力。通过故事讲述，教师与学生之间的交流和互动更为频繁，有助于师生之间情感的交流以及学生对知识的理解，进而促进学生对思想政治理论知识的主动接受和内化。

6.鼓励合作与团队精神

以人为本理念下的思政课叙事艺术实践，通过鼓励学生合作与培养学生的团队精神，有效促进了学生的全面发展。教师在叙事艺术的运用过程中，通过构建基于合作的学习场景，如小组讨论、角色扮演、案例分析等，使学生在共同完成任务的过程中学习协调沟通、相互尊重和团队合作的重要性。这种教学方式不仅能够促进学生之间的互动交流，增强学生的团队合作意识，还有助于学生深入理解和体验课程内容，从而加深对社会主义核心价值观的认同和内化。通过合作学习，学生能够在实践中学习到如何集体面对问题、共同寻找解决方案，培养解决复杂社会问题的能力。

7.关注学生的情感和心理健康

以人为本的教育理念强调在思政课教学中重视学生的情感和心理健康。通过叙事艺术，教师能够深入挖掘学生内心的情感体验，提供必要的情感支持和心理辅导。叙事艺术以其独有的情感传递能力，可以有效触及学生的内心世界，帮助学生理解和表达情感，处理内心的矛盾和冲突。教师在设计教学内容时，应注重选择能够引发学生共鸣的故事和案例，通过人物的情感经历和道德抉择，引导学生进行情感认同和价值判断，从而促进学生情感的正向发展和心理健康的提升。此外，叙事艺术的应用还能为学生提供模拟现实生活情境的机会，让学生在安全的教学环境中学会面对和解决现实问题，增强心理韧性，为其健康成长提供支持。

8.个性化评估和反馈

个性化评估意味着在教学过程中，教师需根据学生的学习特点、认知水平和情感态度，设计适宜的评估方法，如故事理解、情境分析、角色扮演等，以全面了解学生对故事内容的理解程度、情感共鸣和价值认同。个性化反馈则要求教师根据评估结果，针对每位学生的具体表现和需求，提供具体、建设性的反馈信息，帮助学生深化理解、调整学习策略、促进个人成长。

二、个性教育理念

（一）个性教育理念简介

个性教育理念认为每个学生都是独一无二的，拥有不同的知识背景、能力、兴趣和学习方式。

个性教育理念鼓励学生充分发挥个人特长和兴趣，并赋予了学生更多的自主性和选择权，它认为学生在自己感兴趣的领域更容易获得成就感和动力，因此，教师应提供多样化的学习机会和课程选择，使学生在个人感兴趣的领域深入学习和发展，通过追求个人兴趣和目标，培养独特的技能和才能，实现个人价值。

个性教育的目标不仅仅是传授知识，更是培养学生的个性发展、创造力和自主性。它鼓励学生主动参与学习过程，成为学习的主体。学生通过自主学习可以培养自己的学习兴趣、学习目标和学习方法，更好地适应不断变化的社会和未来的挑战。教师在这个过程中扮演着引导者和支持者的角色，鼓励学生思考和探索，培养他们的批判性思维和创造性思维。

以人为本的教育理念要求教师、学校和教育机构共同努力，为学生提供积极的学习环境和支持。教师应尊重每个学生的独特性和个体差异，将学生视为独特的个体；教师应了解每个学生的特点、需求、学习风格和能力，并为其提供个性化的学习支持和适应性的教学，以最大限度地满足学生的学习需求；教师应创造积极的学习环境和氛围，如通过组织小组活动、项目学习和实践活动等方式，创造积极互动的学习环境，激发学生的学习兴趣和动力；教师还应采用多样化的评估方法，根据学生的个体差异和学习目标，提供个性化的反馈和指导。学校可以提供必要的资源和支持，鼓励教师的专业发展和创新实践。教育机构可以提供培训和交流平台，促进个性教育理念的传播和实践。

总之，"个性教育的实现需要具备一定的条件。从教育的外部环境来说，造成全社会普遍尊重个性，弘扬良好个性品质，重视个性教育的氛围，进而形成一种文化传统，是保证个性教育实现的重要社会条件。从教育的内部环境来看，转变'应试教育'观念，普及个性教育思想，使教育决策者、教育管理者和广大教师普遍树立起坚定的个性教育信念，以充分体现个性教育信念的教育方针和教育政策作导向，以科学的考试、升学与就业为制约机制，建立主体间的合作关系，改革、优化教学、教育内容和形式，等等，是保证个性教育实现的基本条件"[①]。

（二）个性教育理念对思政课叙事艺术的实践指导

个性教育理念为思政课叙事艺术的实践提供了重要的指导。"树立个性教育信念主要是树立教育决策者、教育管理者、教育研究者和广大教师的个性教育信念。"[②] 因此，教师应关注学生的个体差异，通过以个性教育为指导的思政课叙事艺术实践，促进学生实现个人潜能的发展。

1.关注学生的个体差异

个性教育理念要求教师充分关注学生的个体差异，包括他们的兴趣、能力、学习风格等。在思政课教学中，教师可以通过叙事艺术形式创造个性化的学习机会，满足不同学生的学习需求和兴趣。

2.引导学生自主学习和思考

个性教育理念注重对学生的自主学习和自主思考能力的培养。在思政课教学中，教师可以通过叙事艺术形式激发学生主动思考和自主学习，鼓励他们独立思考问题、表达观点，从而培养他们的批判性思维和问题解决能力。

3.提供个性化的学习体验

个性教育理念强调学生的个性化发展和个体需求的满足。在思政课教学中，教师可以通过叙事艺术形式提供多样化的学习体验，包括实地考察、讨论小组、角色扮演等，以满足不同学生的学习喜好和需求。

4.鼓励个性表达和创造

个性教育理念强调对学生的创造力的培养。在思政课教学中，教师可以通过叙事艺术形式鼓励学生进行个性表达和创造。例如，鼓励学生通过写作、绘画、音乐等方式表达自己的想法和观点，从而培养他们的创造性思维和表达能力。

---

① 金林杰.学生个性化教育与全面发展研究[M].长春：吉林人民出版社，2018：53.
② 金林杰.学生个性化教育与全面发展研究[M].长春：吉林人民出版社，2018：54.

5.提供个性化的反馈和指导

个性教育理念要求教师提供个性化的反馈和指导，关注每个学生的个体差异和学习需求。在思政课教学中，教师可以根据学生的学习特点和表现，提供个性化的反馈和指导，帮助他们发现自己的优势和改进的方向。

三、学生中心理念

（一）学生中心理念简介

传统的教育模式通常是以教师为中心，教师主导教学过程，学生被动接受知识和信息。而学生中心理念则是将学生视为教育的主体，将学生的需求和权益放在首位，注重满足学生的个性化需求。它强调学生的主动参与和自主学习，鼓励学生在学习中发挥自己的创造力和才能。在学生中心理念下，教师的角色不再是简单的知识传授者，而是学生的引导者和支持者。

学生中心理念强调学生的个体差异和兴趣发展。它认为每个学生都是独特的个体，拥有不同的知识背景、能力和兴趣。因此，学生中心的教育要求教师充分关注学生的个体需求和兴趣，尊重并充分发挥学生的个人特长。

学生中心理念鼓励学生主动参与学习过程，成为学习的主体。学生在学习中应有权参与决策和规划学习目标，有权表达自己的意见和观点，并通过学生中心的教育，发展自己的学习策略和方法，培养自主学习的意识和能力。

学生中心理念强调学生的参与和合作。学生可以通过合作学习和团队项目等形式，与同学一起探索和学习，共同解决问题和完成任务。教师可以创造积极的学习环境，鼓励学生之间的互动和合作，促进学生之间的交流和共享。通过合作学习，学生可以相互借鉴和学习，培养团队合作和沟通能力。

在学生中心的教育中，评价也应该以学生为中心。传统的评价方法注重对学生的分数和成绩的评判，而学生中心的评价则注重学生的个体差异和发展进程。教师应采用多样化的评价方式，如综合评价、自我评价、同伴评价等，从多个角度全面了解学生的学习状况和发展情况。

总之，学生中心理念强调将学生置于教育的核心，关注学生的需求和发展。它强调以学生为中心，注重满足学生的个体化需求和发展潜能，鼓励学生的参与和自主学习，培养学生的创造力和问题解决能力。学生中心的教育还需要教师的努力和学校的支持，为学生提供积极的学习环境和支持，以实现学生的全面成长和发展。

（二）学生中心理念对思政课叙事艺术的实践指导

学生中心理念强调了学生的主体地位和参与度，在思政课教学中体现出重要的意义。

1.倡导学生参与决策和规划

传统的教学模式往往是教师占主导地位，而学生中心理念则鼓励学生在学习过程中发挥更大的主动性。教师可以与学生共同制定学习目标、课程计划，让学生参与其中，通过集体讨论和协商，形成共识和合理的决策。这样的参与过程不仅能够满足学生的需求和兴趣，还能够培养学生的自主学习和决策能力。

2.鼓励学生合作与交流

学生中心理念强调学生之间的互动和合作。在思政课教学中，教师可以采用多种形式的合作学习活动，如小组讨论、角色扮演、合作项目等，让学生在团队中相互协作、共同探索和解决问题。这样的合作与交流过程能够培养学生的团队合作精神、沟通技巧和互助精神，同时能够促进不同思想和观点的碰撞与交流，拓宽学生的视野和思维方式。

3.引导学生价值观的形成

学生中心理念强调学生的主体地位和自主性，其中重要的一点是引导学生形成积极的人生态度和正确的价值观。在思政课教学中，教师可以采用叙事艺术形式来引发学生的思考和探索。通过讲述具有道德教育意义的故事、分享真实的人生经历，以及通过艺术作品和文学作品展示社会现实和价值观冲突，教师可以引导学生深入思考生命的意义、个人责任和社会义务，从而培养学生积极向上、独立思考、有社会责任感以及正确价值观。

4.培养学生的自我管理和自我评价能力

学生中心理念注重培养学生的自主学习和自我管理能力。在思政课教学中，教师可以运用叙事艺术形式，激发学生对自己学习过程的反思和评价。通过引导学生自主制订学习计划、设定目标，并在学习过程中给予适当的指导和支持，教师可以帮助学生逐渐培养起自我管理的习惯和能力。同时，通过让学生参与学习成果的评价和自我评价，教师可以引导学生建立正确的自我认知，提高自我评价和自我调节的能力，从而更好地管理和规划自己的学习和生活。

四、素质教育理念

（一）素质教育简介

"所谓素质教育，就是通过科学教育途径，充分发掘人的天赋条件，提高人的各种素质水平，并且使其得到全面、充分、和谐发展的教育。简而言之，素质教育就是全面提高与发展人的素质的教育。"[1]素质教育理念强调在传授学生基础学科知识的同时，更加重视学生个性的发展和非智力因素的培养。这种教育理念诞生于对传统应试教育局限性的反思中，目的是培养学生的创新能力和实际操作能力，以使其更好地适应社会发展的需求。素质教育不应只关注学生的学术成就，还应关注学生的情感态度价值观及身体发展。

在实施素质教育的过程中，课程内容的设计变得更为灵活多样，其

---

① 常涛，徐晖，李冉.高职院校专创深度融合创新实践[M].北京：中国纺织出版社有限公司，2022：31.

强调跨学科的知识整合，打破了传统学科之间的界限，促进了知识之间的互联互通。例如，学校可以将艺术与科学结合起来，通过实践活动，使学生在解决实际问题时发挥创造性能力和批判性能力。在素质教育理念体系中，教师的角色也经历了转变。他们不再只是知识的传递者，而是成为学生学习过程的引导者和支持者。教师的任务是激发学生的兴趣，帮助他们发现自己的潜力，引导他们如何学习，而不仅仅是告诉他们要学什么。评估方式在素质教育理念中同样经历了重大的改革。传统的以考试成绩为主的评价方式被多元化的评估方法所取代，这些方法更加关注学生的全面发展。评估不再局限于笔试，而是包括了项目作业、团队合作、口头报告等多种形式。这样的评估方法能够更全面地反映学生的学习成果和发展潜力。

（二）素质教育理念对思政课叙事艺术的实践指导

教师可以选择与课程主题相关的历史或现实主义小说，利用小说中的人物、情节和环境设置来引发学生的情感共鸣和深入思考。例如，在探讨改革开放的主题时，教师可以选用描述那一时期普通人生活变化的小说。通过分析小说中主人公的生活选择和社会互动，学生可以更生动地理解政策变化对个人生活的实际影响。通过倒叙或插叙的叙事技巧，小说能够帮助学生从不同角度理解历史事件，促进学生对历史发展的多角度思考。

电影则为思政课提供了视觉和情感上的直接冲击，选择关键的历史事件或人物传记电影，可以使学生在观看过程中通过视觉和听觉的结合，更加深入地感受历史情境和人物心理。例如，通过展示关于中国抗日战争的电影片段，教师可以引导学生分析电影中的叙事焦点，如英雄人物的决策过程、平民的生活状态等。电影中的叙事结构，如使用闪回技巧展示人物的过去经历，可以帮助学生理解人物行为，增强学生对历史事件的理解。通过这种叙事艺术形式的应用，思政课不仅可以传授知识，而且能够激发学生的思考和情感，从而实现素质教育中倡导的全面发展目标。这种教学方式强调学生主体性的发展，使学生在接受知识的同时，培养独立思考和批判性分析的能力。

五、系统教育理念

系统教育理念是一种关注整体性和连贯性的教育理念。这一理念提倡跨学科学习和终身学习的观念，目的是使学生适应快速变化的社会和职业需求。系统教育理念的实施需要教育者和学校之间的协同合作，以确保学生在教育过程中获得全面、连贯的发展。

（一）系统教育理念简介

系统教育理念主张教育过程应被视为一个整体，强调各个教学元素之间的相互联系和依赖性。该理念认为，教育活动不应局限于课堂内的知识传授，而应包括学校、家庭、社区等多个系统的相互作用。这种全面的教育系统，旨在促进学生知识、技能、情感和社交能力的全面发展。

教育系统的设计需考虑学生的多样性和个体差异，实现教育的个性化和差异化。系统教育倡导使用多元化的教学方法和评估标准，以适应不同学生的学习需求和能力。例如，教师可以根据学生的兴趣和学习风格，提供定制化的学习计划和资源，从而提高学生学习的效率和效果。在系统教育的框架下，教师的角色从传统的知识传递者转变为学习的促进者和导师。这需要教师具备跨学科的知识和技能，能够在教学中灵活应用各种教育技术和方法，还需要具备较强的沟通能力和同理心，以便更好地理解和响应学生的需求。系统教育理念还强调学习环境的重要性，认为支持性和富有挑战性的环境对学生的学习有积极影响。学校应致力创造一个包容、互动和创新的学习空间，使学生在实践中学习和应用知识。这种环境不仅可以促进学生的认知发展，还有助于培养学生的社会技能和情感智力。

（二）系统教育理念对思政课叙事艺术的实践指导

在系统教育理念框架下，利用叙事艺术对思政理论课的教学进行创新和提升，可以通过电影和小说这两种艺术形式来实现。这种方法通过整合教学内容、学生经验和多媒体资源，旨在深化学生对政治理论和社会现象的理解。

电影作为一种动态的视觉和听觉媒介，为思政课提供了展示复杂社会和政治问题的平台。例如，利用具有历史和文化背景的电影，教师可以引导学生探讨电影中的主题，如民族主义、民主理念或社会正义等。通过分析电影中的叙事时间和结构，以及如何通过不同的场景和时间线展示政治变革，学生可以更好地理解政治理论在实际情境中的应用。电影中人物的冲突和解决方案则提供了丰富的讨论材料，有助于学生从多角度理解并评估政治行为的复杂性和后果。

小说的叙事形式提供了深入探讨个体心理和社会结构的可能性。教师通过选取具有强烈政治背景或社会背景的小说，如英国作家乔治·奥威尔（George Orwell）的《一九八四》以及英国小说家奥尔多斯·伦纳德·赫胥黎（Aldous Leonard Huxley）的《美妙的新世界》，可以使学生根据这些文学作品探讨政治压迫、社会控制等概念。小说中复杂的人物关系和丰富的情节则可以使抽象的政治理论具体化，使学生通过人物的经历和选择理解和评估不同政治体制的利弊。通过分析小说中的叙事技巧，如倒叙或多视角叙事，教师可以帮助学生理解作者如何构建叙事来表达政治批评或支持特定的政治观点。

这种结合叙事艺术的教学方式促进了学生对思政理论的深入理解，激发了他们的批判性思维和创造性表达能力。在系统教育理念下，这种教学方法强调跨学科的知识整合和多样化的学习方式，为学生提供了一个更为全面和动态的学习环境。通过这样的方法，系统教育促使学生在理解过程中主动构建知识网络，并形成对社会政治问题的全面见解。

六、全面发展理念

全面发展教育理念认为每个学生都是独特的个体，应该受到全方位的关注和培养。通过提供丰富多样的学习机会和举办丰富多彩的活动，教育可以促使学生在认知、情感、社交和实践等方面全面发展。

（一）全面发展理念简介

"全面发展是相对于片面发展而言的，由于受政治、经济发展水平的制约，人往往呈现片面发展状态。"[①] 全面发展理念注重培养学生的精神、身体、情感和社会等各个层面的能力，强调教育的目标是为学生的终身学习和全人成长打下基础。该理念追求学生的整体成长，而不仅仅是学术成功。

在该理念下，学术学习被视为个人成长的一部分，但不是全部。教育应提供机会让学生探索自我认知和自我表达，如通过文学、戏剧和视觉艺术等途径提供表达自我和处理复杂情感的平台。例如，通过诗歌和剧本创作，学生能够表达个人经历和情感，这有助于其情感和心理发展。全面发展理念强调体验学习的重要性，认为学生通过参与具体活动获得的体验能促进更深层次的学习和理解。例如，在课程教学中，通过户外实地考察，学生可以直接观察和体验生态系统的运作，这种方法能够增强学生的科学素养和环保意识。全面发展理念还涵盖了道德和公民教育的重要性。通过讨论伦理问题和进行道德教育课程，学生能够发展判断和决策能力，学习如何在复杂的社会环境中做出道德决策。

在全面发展理念中，学校和教育者需要创造一个充满挑战和支持的环境，以促进学生在多个领域的成长。这种教育环境鼓励学生探索未知领域，挑战自我，同时在学习失败和成功中找到成长的机会。通过这样的教育实践，全面发展理念旨在将学生培养成为具有创新精神、适应力强和具备综合解决问题能力的个体。

（二）全面发展理念对思政课叙事艺术的实践指导

基于全面发展理念，教师可以利用多样的叙事艺术，丰富学生的学

---

① 赵敏，倪守建，王敏，等.社会转型期医学生职业价值观培育 [M].济南：山东人民出版社，2013：85.

习体验，培养学生的多维视角和批判性思维。教师通过具体的叙述艺术，如电影、绘画以及非语言材料的叙事，可以深化学生对思政课内容的理解与感悟。

电影是一种强有力的叙事工具，能够通过视觉和听觉的结合，生动地展示历史事件、社会现象和政治理念。在全面发展的教育实践中，思政课通过电影呈现不同历史时期的社会文化背景，可以使学生直观地感受到事件的发生环境和社会情绪。例如，通过观看反映改革开放的电影，学生可以从中理解政策变动对普通人生活的实际影响，以及这些政策是如何推动社会经济发展的。电影中的叙事技巧，如倒叙或闪回，也为分析事件提供了多维视角，增强了教学的互动性和深度。

绘画作为一种静态的视觉艺术，通过图像传达深刻的象征意义，进行情感表达。在思政课中，通过分析具有历史意义的画作，学生可以探讨画中的叙事焦点，理解艺术家如何通过色彩、构图和符号来表达特定的政治信息或社会批评。例如，分析 20 世纪 50 年代至 20 世纪 70 年代的宣传画时，学生可以讨论这些画作如何被用来塑造政治形象和传达政治理念。通过绘画，学生能够学习到视觉叙事的力量和艺术的政治功能。非语言材料的叙事，如肢体语言和动态展示，则提供了另一种方式来表达和理解复杂的政治和社会概念。在思政课中，教师可以利用角色扮演或模拟演练等方法，让学生通过身体语言和场景互动来体验历史事件或政治决策的情境。这种互动性的学习方式进一步增强了学生的参与感，也帮助他们从实践中学习如何在特定情境下应用政治理论。

通过结合这些叙事艺术形式，全面发展理念在思政课实践中加深了学生对内容的理解，激发了学生的创造力和批判性思维，有助于学生形成更为多元的知识体系。

七、教学相长理念

教学相长教育理念强调了教师和学生之间的互动和相互影响。该理念认为，教师不仅是知识的传授者，更是学生学习的引导者和学生的伙伴。在这种理念下，教师需要向学生传授知识，倾听学生的声音，理解他们的需求，以便更好地激发他们的学习兴趣。此外，通过双向的教学过程，教师也可以从学生那里汲取新的思维方式和知识。这一理念鼓励教师和学生建立良好的沟通和合作关系，促进共同进步和发展。

（一）教学相长理念简介

教学相长理念是教育中一种重要的教学理念，其主张教育不仅仅是单向地从教师到学生的知识传递，而是双向的互动过程，教师在教学过程中也能从学生那里习得知识、获得成长。在当今复杂多变的社会环境中，教学相长理念的价值和意义变得愈加重要。教育的目标不再仅仅是传授知识，而是培养学生的综合素质和自主学习能力。在这种情况下，教师不再是知识的唯一传递者，更像是学生学习过程中的指导者和伙伴。

教学相长的教育理念最早出现于孔子时期。教学相长折射出孔子对学生的关心爱护及以人为本的理念，同时体现了民主平等的师生关系。孔子常用问答式、谈话式的方法开展教育教学活动，在民主平等的教学氛围中，师生共同进行学问切磋、探究研讨，通过沟通对话传道授业、答疑解惑，师生交流的是情感，碰撞的是灵魂，启迪的是智慧，师生相得益彰，共同进步。在教学相长教育理念的引导和规范之下，教师不但教育了学生，也提高了自己。同时，通过有目的地与学生谈话，"听其言而观其行"，循循善诱，因势利导，从学生反馈的信息中得到启示，获得教育灵感，以便更有效地开展教育活动。"教学相长彰显了师生平等的民主意识。在教育教学过程中，教师是主导者，学生是学习主体，师生的地位是平等的。从对教师的要求来看，强调教师要尊重学生，尊重学生的主体地位。当教师平等地把学生看成是一个个具有鲜活思想、具有自我意识、具有人性光辉的同伴，不问其出身、地位、等级时，师生之间才能互相悦纳、平等交流、真诚沟通、分享经验，从而互相促进、共同成长，真正地实现教学相长。"①

　　在教学相长理念下，教师不仅需要传授知识，还需要关注学生的学习过程和方法，鼓励学生积极主动地参与学习，而不是被动地接受知识。在这个过程中，教师也能从学生的问题和思考中得到启发，从而不断提高自己的教学水平和能力。同时，教学相长理念鼓励教师根据学生的实际情况和需求灵活地调整教学方法和策略，以适应不同的学生和教学情境。这种灵活性不仅能增强教学的有效性，也能使教师在应对挑战和困难的过程中不断成长。教学相长理念的实践需要教师摒弃传统的"填鸭式"教学方法，采取更加开放、互动的教学方式，如鼓励学生提问、思考和解决问题，利用小组讨论和项目学习等方式，让学生在实际操作中学习和掌握知识。这样也可以使教师在与学生的交流和互动中得到反馈，不断优化自己的教学方法。

（二）教学相长理念对思政课叙事艺术的实践指导

　　教学相长理念强调在教学过程中教师和学生的相互学习与成长。通过运用叙事艺术，如社会杂闻、连环画和会话，思政课可以更有效地促进学生对社会政治现象的理解与反思，同时丰富教师的教学策略。

　　社会杂闻是一种反映社会现实的叙事形式，能够提供丰富的现实生活案例，可以供教师和学生探讨。在思政课中，教师可以选择与课程主题相关的社会杂闻，如关于环保、法律改革或者经济政策等领域的实际事件，作为课程讨论的起点。通过分析这些现实事件的起因、过程和影响，学生能够直观地感受到政治理论与日常生活的紧密联系。这种分析过程也能使教师从学生的反馈和观点中获得新的教学灵感，实现教学内容的实时更新和优化。

　　连环画将复杂的政治社会事件转化为视觉化的故事，为学生提供了一种易于理解和记忆的学习方式。在思政课中，教师可以利用连环画描

---

① 孔祥骅，黄河清.孔子评传与教育思想解读[M].太原：山西人民出版社，2020：257.

述重要的历史事件或展示政治理论的应用案例。例如，关于社会主义建设的连环画可以帮助学生理解政策变迁对社会和个人生活的具体影响。通过这种叙事方式，学生不仅能更好地把握故事的时间线和结构，还可以在视觉和情感层面上与故事内容产生共鸣。同时，教师通过观察学生对连环画的反应，可以评估学生对材料的理解程度和情感反馈，进而调整教学策略。

会话是思政课中不可或缺的叙事艺术形式。通过组织学生进行角色扮演、辩论和讨论，教师可以创建一个动态的学习环境，让学生通过口头表达来深化对政治事件的理解。这种互动式学习方式可以使学生在现实情境中运用政治理论，而且通过语言表达，学生能够更清晰地构建和表达自己的观点。教师通过这种会话活动，可以直接了解学生的思维模式和表达能力，以及他们对课程内容的接受程度和情感态度，从而在教学过程中实现与学生的共同成长。

综合这三种叙事艺术形式，教学相长理念在思政课的实践中提供了一种动态互动的教学方式，增强了学生的学习体验，促进了教师教学方法的持续进步，实现了教与学的双向发展。

八、学思结合理念

学思结合教育理念是一种独特而富有启发性的教育理念。它强调将学习与思考有机地结合起来，通过培养学生的思维能力和创造力，激发他们的学习热情和求知欲。学思结合教育理念鼓励学生主动探索、提出问题和独立思考，培养他们的批判性思维和解决问题的能力。这一理念注重培养学生的创新意识和实践能力，鼓励学生将所学知识应用于实际生活中，以解决现实问题。

（一）学思结合理念简介

学思结合理念在教育领域中提倡将学习过程与深度思考有机结合起来，以培养学生的批判性思维和问题解决技巧。这一理念突出学生主动探索与发现的重要性，以及教师在引导学生如何思考方面的关键作用。

根据学思结合的理念，教育过程应超越简单的信息传递，从而促使学生对接收的信息进行深入分析和评估。这要求课程设计除了涵盖必要的知识点之外，还需要包含刺激学生批判性思维的元素，如开放式问题和案例研究，因为这些都是促进学生深层次思考的有效工具。在实际教学中，学思结合理念支持教师使用讨论小组、思维导图和辩论等多种教学方法。这些方法能够使学生基于更广的社会文化背景，并从不同角度审视问题，从而更全面地理解问题。例如，通过团队合作解决问题，学生不仅可以学习到知识，还能通过交流与合作锻炼沟通与协调能力。学思结合理念也重视学生将理论知识应用于现实生活中的能力。通过项目导向学习和实际操作，学生可以在真实或模拟的环境中测试他们的理论知识，这种方法有助于学生理解理论与实践之间的联系，同时提高他们解决实际问题的能力。学思结合理念认为反馈是学习过程中不可或缺的一部分。教师提供的反馈可以帮助学生识别自己理解的不足和错误，进而调整自己的学习策略和方法。同时，学生也被鼓励对自己的学习过程进行自我反思，这种自我评估是促进个人长期学术成长和发展的关键因素。

（二）学思结合理念对思政课叙事艺术的实践指导

学思结合理念在思政课中强调通过积极的思考和深入的分析来促进学生对知识的理解与应用。这一理念可通过小说、电影和社会杂闻等叙事艺术实现，使学生在接触具体情境时能够进行批判性思考和深入理解。

小说作为一种叙事艺术形式，通过构建复杂的故事情节和人物发展，为思政教育提供了丰富的内容和深入的人文视角。在教学中，利用小说中的政治、社会背景，教师可以引导学生分析小说中的社会问题、人物决策以及这些背后的道德和哲学问题。例如，通过阅读关于特定历史时期的小说，学生可以理解那一时期的社会矛盾和个人的道德抉择。通过小组讨论和写作分析，学生不仅能够提高文学欣赏能力，还能在讨论中锻炼批判性思维，实现理论知识与个人思考的结合。

电影作为一种动态的视觉和听觉媒介，能够生动地展示社会政治事件，使抽象的政治理论具体化。在思政课中，选择反映社会政治问题的电影，如权力斗争、政治理想与现实的冲突，可以让学生在观看的过程中产生共鸣，进而引发深入讨论。教师可以组织学生围绕电影中展示的问题进行辩论，促使学生从多角度分析问题，提高他们的分析能力和理解力。

社会杂闻作为捕捉时事动态的重要途径，能够为思政教学提供即时的教学材料。通过研究当前的社会新闻和事件，学生可以直接观察和分析政治理论在现实中的应用和影响。教师可以引导学生追踪特定事件的发展，通过分析新闻报道中的语言和框架，教育学生辨识信息的内容和背景。这不仅可以让学生学习到实时的社会科学知识，还能训练他们的信息筛选和批判性思维能力。

通过将小说、电影和社会杂闻融入思政教学，学思结合理念能够极大地丰富教学手段和内容，使学生在享受文学与艺术的同时，加深对社会政治理论的理解和批判，达到教学与思考的深度融合。

第二节　思政课教学叙事艺术遵循的原则

思政课教学叙事艺术遵循的原则如图 2-2 所示。

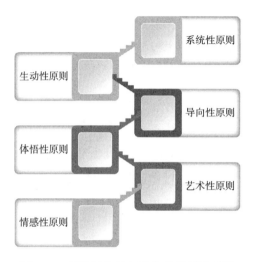

图 2-2　思政课教学叙事艺术遵循的原则

一、系统性原则

系统性原则以其深远的表述方式，为教育注入了全面性与深度。通过系统性的教学设计和组织，可以将知识与概念有机地连接在一起，使教育具备整体性和连贯性。

（一）系统性原则简介

系统性原则是一种解决复杂问题的方法，旨在帮助人们理解事物的全貌，而不仅仅是单个部分。这种方法认为事物之间是相互联系的。此外，系统性原则关注动态、交互、反馈、延迟，以及整体的非线性特性。

系统性原则从整体的角度出发，认为系统的整体性超过了各个部分的总和。也就是说，系统不仅由组成部分构成，更强调这些部分之间的关系和相互作用方式。这种思维方式也被称为全局观。

要实现系统性思维，就需要综合和平衡各种不同的观点和看法。这种方法避免了陷入过于狭隘的视角，而是通过了解各个部分之间的交互作用来理解整个系统。这意味着，即使系统的某一部分发生了变化，也需要考虑这种变化如何影响其他部分，以及整个系统的运行。

系统性原则的另一个重要特点是将反馈视为关键的组成部分。系统性思维认为系统中的输入和输出是相互联系的，而不是单向的。反馈可以是正面的，也可以是负面的，这取决于它们如何影响系统的状态和行为。

系统性原则还强调非线性思考。现实生活中的系统，如天气、经济、生态系统等，都具有非线性特性。也就是说，输入和输出之间的关系并不是直接的比例关系，如小的改变可能会产生大的影响，大的改变可能只会产生小的影响。

系统性原则的应用领域非常广泛，如科学、工程、社会科学、商业、公共政策等领域。例如，环境科学家可以使用系统性原则来理解生态系统的复杂相互作用；企业家可以使用系统性原则来理解他们的商业模式，以适应和应对不断变化的市场环境。

总的来说，系统性原则为人们提供了一种理解和解决复杂问题的工具，它强调的是整体视角、反馈循环和相互关联性、非线性思考，可以帮助人们更好地理解和应对复杂的问题和挑战。

（二）系统性原则指导下的思政课叙事艺术

在思想政治叙事艺术中，系统性原则提供了一种全新的视角和方法来理解和叙述思政课的内容和目标。系统性原则认为，一个系统的行为并非仅由其组成部分的行为决定，而是由组成部分之间的互动关系决定。这种观点为教师提供了一种理解和处理复杂问题的框架，尤其是在思政课中，教师需要处理一系列涉及个体、群体、社会和国家等多个层次的问题。

从全局的角度看待问题是系统性原则的核心。在思政课叙事艺术教学中，教师需要从全局角度去描述和解释问题，而不仅仅是从个体角度或者局部视角出发。例如，教师在讨论社会公正问题时，不仅要关注个体的利益，还要关注社会的整体利益，以及这两者之间的关系和互动。这种全局视角可以帮助学生更好地理解社会现象的复杂性和多维性，以及社会问题解决的难度和复杂性。

系统性原则强调反馈循环的重要性。在思政课叙事艺术教学中，教师需要强调事物之间的相互影响和反馈关系。例如，教师在讨论经济发展和环境保护的关系时，需要强调这两者是相互影响、相互反馈的，而不是单向的。这种反馈循环理念可以帮助学生更好地理解社会现象和问题的动态性和变化性。

系统性原则强调非线性认识。在思政课叙事艺术教学中，教师需要强调社会现象和问题的非线性特性，即小的改变可能产生大的影响，大的改变也可能只产生小的影响。例如，教师在讨论社会变革的影响时，需要强调社会变革的非线性特性，即社会变革的影响并非直接与变革的规模成比例，而是由许多复杂的因素共同决定。这种非线性认识可以帮助学生更好地理解和应对社会现象和问题的复杂性和不确定性。

系统性原则也为思政课叙事提供了一种新的艺术表达方式。通过使用系统图、反馈循环图、时间序列图等工具，教师可以更直观、更动态地呈现社会现象和问题，从而使学生更好地理解和掌握思政课的内容和目标。此外，教师还可以使用案例分析、角色扮演、小组讨论等互动教学方法，让学生更深入地参与思政课的学习和讨论，从而提高他们的学习效果和满意度。

二、生动性原则

生动的教学手段和多样化的活动设计，可以使学生在课堂中亲身体验知识和概念，激发他们的兴趣，提升他们的参与度。这种生动性的教育，宛如一幅栩栩如生的画卷，将抽象的概念和知识转化为生动而形象的表达，使学习充满趣味和活力。

（一）生动性原则简介

生动性原则源于心理学和教育学的研究，认为人们更容易理解、记住和接受具有高度生动性和引人入胜的信息。在教学、演讲、广告和其他需要传递信息的领域，生动性原则起着关键的作用。同时，这一原则也指导人们更有效地吸引和维持听众或学生的注意力以及提升他们对信息的理解和记忆。

与抽象或枯燥的信息相比，生动、具象和感人的信息更容易引起人们的注意，更容易在人们的记忆中留下深刻的印象。人们对生动的、多感官的、故事性的信息的反应通常更强烈，这类信息更容易留存于人类的长期记忆中，并在适当的时候被调用出来。

根据生动性原则，信息的成功传递应包括以下几个要素：首先，信息需要具有足够多的细节，使听众能够形象地想象所描述的场景或概念。其次，信息应当包括多感官的元素，如视觉、听觉、触觉等，让听众可以全方位地感知和理解信息。再次，信息应当以故事的形式呈现，因为人们对故事的反应通常比对单一事实或数据的反应更强烈。最后，信息应当与听众的经验和情感联系起来，以增强他们对信息的理解和记忆。

生动性原则在教育和传媒领域有广泛的应用。在教学中，教师可以通过引入生动的例子、使用生动的语言、运用多媒体工具、组织实地考察等方式，使教学内容更加生动、具象，从而提高学生的学习兴趣和学习效果。在传媒中，记者和编辑可以通过使用生动的标题、写作风格和图片，使新闻报道和文章更具吸引力和感染力。

需要注意的是，在使用生动性原则时，虽然生动的信息能够更好地吸引注意力和提高记忆效果，但过度的生动性可能会使信息失去其本身的准确性和客观性。因此，人们在使用生动性原则时，需要恰当地平衡生动性和准确性，以确保信息的有效性和可靠性。

（二）生动性原则指导下的思政课叙事艺术

在思政教育领域，生动性原则具有重要的指导意义。教师将教学内容变得更加生动、具象，引起学生的兴趣，促进学生更好地理解和记忆思政课的关键信息和主要观念。

采用生动的故事和案例是生动性原则的一个重要应用。故事和案例可以将抽象的理论和观念具象化，使学生更加深入地理解和感知理论知识。例如，在讲解社会公正和公平原则时，教师可以通过引用历史事件或者现实案例，以生动的方式展示这些原则在实际生活中的应用和影响。

使用多媒体工具和教学方法也是遵循生动性原则的有效方式。通过视频、图片、动画等多媒体手段，教师可以以更加生动、直观的方式呈现思政课的内容，增加课程的趣味性和吸引力。同时，教师可以通过角色扮演、小组讨论等互动式教学方法，让学生更加深入地参与学习过程，从而提高他们的学习效果和满意度。

将课程内容与学生的实际生活经验和情感联系起来，也是遵循生动性原则的重要策略。教师可以将学生的个人经验和情感作为教学的一部分，使学生更好地理解和接受思政课的内容。例如，教师可以引导学生从自身的生活经验出发，探讨和理解社会问题和政策决策。另外，生动性原则还提供了一种新的艺术表达方式，它可以使思政课的教学更加生动、有趣。例如，教师可以使用比喻、象征等手法，以富有艺术性的方式讲述思政课的内容。通过使用富有象征性和寓意性的语言和图像，教师可以使学生更好地理解和记住思政课的主要信息和观念。

三、导向性原则

导向性原则主要是确保教学内容与国家的教育目标和价值观保持一致。此原则不仅要求思政课教学向学生传授知识，而且要求引导学生形成正确的世界观、人生观和价值观。通过叙事艺术的形式，教师能够有效地结合历史与现实，激发学生的爱国情感和社会责任感，促进学生全面而健康地成长。

（一）导向性原则简介

导向性原则在教学设计中主张以目标导向的方式优化教育过程，确保教学活动紧密围绕学生的学习目标展开。该原则强调通过明确定义的学习目标来指导教学内容、方法和评估，从而实现教育的高效性和针对性。

教学内容的选择和组织是实施导向性原则的关键一环。教师需要基于课程的学习目标挑选合适的教学材料和主题。这种基于目标的内容策划确保了每一部分教学都能为达成学习目标贡献力量。例如，如果课程目标旨在提高学生的批判性思维能力，教师则可以选择那些需要分析、评价和合成信息的材料和活动。在教学方法的选择上，导向性原则促使教师采用能够有效促进学生达到学习目标的策略，如采用讲授、讨论、合作学习和问题解决等多样化的教学方法，以适应不同学习风格的学生。多样化的方法能够激发学生的学习兴趣，增强学习效果，同时能使教学活动更加丰富和灵活。导向性原则还对教学评估提出了明确的要求：评估工具和方法应能够准确测量学生是否达到了预定的学习目标。为此，教师需要设计多样性的评估方式，如项目作品、表现评估和反思性写作等。这些评估形式应能全面反映学生的知识掌握、技能应用和思维发展情况。

（二）导向性原则指导下的思政课叙事艺术

在导向性原则的指导下，思政课可以有效地结合绘画和社会杂闻这两种叙事艺术来实现教学目标，同时深化学生对社会政治现象的理解和批判性思考。通过这些具体的操作，教师能够引导学生从新的角度探索和讨论相关的政治和社会议题。

绘画是一种强有力的视觉叙事工具，能够直观展示历史事件和社会现象。例如，教师可以选择展示具有重大历史意义的政治画作，如描述改革开放初期中国社会变化的画作。在课堂上，这些画作可以作为艺术作品被欣赏，也可以作为历史文献的一部分进行分析。教师可以引导学生探讨画中的象征元素、色彩使用以及艺术家的表达意图，通过这些视觉元素来解读画作所传达的政治信息和社会批评。此外，教师还可以通过举办创造性的绘画活动，鼓励学生重新构想和描绘这些历史事件，以此来深化他们对事件的理解，增强情绪反应。

社会杂闻是捕捉社会动态的叙事工具，可以为思政课提供时效性强的教学材料。教师可以从日常的新闻报道中选取与课程主题相关的事件，如政治决策、法律变革或重大社会事件。通过引入这些实时案例，教师不仅可以让学生了解事件的发展过程，还能引导学生探讨背后的政治原理和社会影响。例如，通过分析某一政策的变化对社会各阶层的影响，学生可以从多角度评价该政策的公平性和有效性。这种教学方式鼓励学生运用批判性思维去审视现实问题，能够培养他们将理论知识应用于实际情况的能力。

四、体悟性原则

体悟性原则强调教学中理论与实践的结合，从而促进学生通过实际体验深刻理解和内化知识。该原则主张在教学过程中提供丰富的实践活动，使学生能够通过亲身参与和体验来掌握学科知识，从而达到"知行合一"的教学效果。通过这种方式，学生既可以学到理论，又能够通过个人体验将理论知识转化为自己的思考和行动。

（一）体悟性原则简介

体悟性原则是教育中一种强调通过直接经验来深化知识理解的教学方法。该原则认为，学生通过亲身体验和积极参与，能够更有效地将理论知识转化为个人的深刻理解。这种方法强调感知的重要性，即学生需要通过感受和体验，而非仅仅通过视听传递的信息，来全面理解和掌握知识。

在教学内容的组织上，体悟性原则要求教学活动和材料能够促进学生的主动参与和实际体验。教师应设计使学生能够亲自操作和实践的教学环节，以增强学生对学习材料的认识和感知。通过这种方式，学生可以更自然地吸收和理解复杂的概念或理论。体悟性原则在教学方法上要求教师采取更加灵活和互动的教学策略。教师的角色是引导者和协助者，帮助学生通过实践活动发现和构建知识。这种教学策略强调学生的主动探索和独立思考，鼓励学生在学习过程中发现问题并寻找解决问题的路径。在评估学生的学习成果时，体悟性原则主张采用更符合实践体验的评估方法。这种评估方式重视学生的实际操作表现和实践中的思考能力，而不单单是传统的笔试或口试成绩。这种方式，使评估更加全面，更能够真实地反映学生的综合能力和实际理解水平。

（二）体悟性原则指导下的思政课叙事艺术

体悟性原则在思政课的实施中，通过叙事艺术，如电影和社会杂闻，强调学生通过亲身体验和深入参与来增强学习效果。这种教学方法既可以传递知识，又能够让学生在实践中体悟理论的深层含义和社会实践的复杂性。

使用电影作为叙事工具，教师可以选取那些描绘重大政治事件或重要社会问题的作品，让学生在观看的过程中不仅接受视觉和听觉的信息，而且通过电影中的情节、人物和冲突，体验并感受历史和政治的重要时刻。例如，在分析一部关于民主运动的电影时，学生可以观察影片如何展现不同角色在政治压力下的决策和转变，随后教师提出引导性的问题引导学生讨论。教师可以帮助学生联系理论与电影中的具体表现，从而深化学生对民主和政治权力斗争的理解。

社会杂闻则提供了一个与当下社会直接相关的学习窗口，使学生能够将学到的政治理论应用于现实事件的分析中。通过讨论最新的政治发展或社会变革，鼓励学生批判性地评估信息源，分析背后的政治动机和可能的社会影响。这种教学活动不单单是关于事实的传递，而是通过这些实际案例促使学生进行思考和讨论，使学生体验到政治决策的复杂性。在这种教学原则下，教师既是信息的提供者，也是教学过程的引导者和使学生深度思考的促进者。教师通过精心设计问题和讨论环节，引导学生从多个视角审视问题，鼓励学生通过自我发现的过程，来体悟和理解深层的政治和社会概念。

五、艺术性原则

艺术性原则在教学中强调创造性和表现性的融入，旨在通过艺术性的教学方法提升教学的吸引力，激发学生的学习兴趣。该原则鼓励教师利用各种艺术形式，如视觉艺术、音乐、戏剧和文学，增强教学内容的表现力和感染力。通过艺术化的教学方式，学生可以在审美和感性的体验中更深刻地理解和吸收学科知识，同时培养自身的创造力和批判性思维能力。

（一）艺术性原则简介

艺术性原则在教学中主张通过艺术手段引导学习过程，使学生对学科内容的探索和理解不仅限于对逻辑性的认知，还包括审美和创造性等维度。这一原则认为，艺术的介入能够激活学生的多感官体验，从而增强记忆、理解和表达能力。

在教学实践中，艺术性原则鼓励教师运用艺术的形式和方法来设计和呈现课程内容。这种教学方式的目的是通过艺术化的表达和交流方式，提升学生对教学材料的兴趣和情感参与，使学习过程本身变得富有吸引力和启发性。艺术性原则所倡导的教学方法能够帮助学生在接受知识的同时培养审美鉴赏力和创新思维。艺术性原则强调教学内容的表现形式与学生的情感体验之间的内在联系。通过艺术化的教学，学生能更深层次地投入学习中，体验知识的美感和力量。这种方法能够促使学生在感官的激发下，对学科内容产生深刻的个人联系，从而更有效地吸收和内化所学知识。艺术性原则还关注教学过程中创意的发挥和个性的表达。教师通过艺术性原则的引导，可以鼓励学生探索自我表达的多种可能，使他们在学习的每个阶段都能够进行尝试和创新。

（二）艺术性原则指导下的思政课叙事艺术

在艺术性原则的指导下，思政课叙事艺术应用可以通过具体操作来实现教学目标，增强学生的参与感和理解深度。通过融入多种艺术形式，如戏剧表演、电影制作以及视觉艺术,教师可以创造一个充满活力和互动的学习环境,有效地传递政治和社会理念。

戏剧表演是一种强有力的叙事艺术工具,能够生动地展示思政课程的主要概念和历史事件。教师可以指导学生围绕特定的政治主题或社会事件,如民权运动或政治改革,自编自演短剧。学生在准备剧本的过程中,需要深入研究背景资料,从而加深对事件的历史和社会背景的理解。在表演过程中,通过扮演不同的角色,学生还可以体验不同人物的情感,通过艺术表达形式深化对政治理论的体悟。

电影制作是另一种强调艺术性原则的有效教学方式。教师可以鼓励学生小组合作,制作短片来探讨和呈现复杂的社会政治问题。这个过程包括剧本编写、场景设计、摄影和编辑等环节,每一步都需要学生集体讨论决策,能够有效增强其团队协作能力。通过这种方式,学生可以将理论知识转化为视觉叙事,使抽象的政治概念具体化,从而更加深刻地理解和表达自己对社会政治问题的看法。

视觉艺术,如绘画和摄影,可以用来强化思政课的教学内容。教师可以安排学生围绕特定的社会问题或政治理念创作主题海报或举办摄影展,使学生有机会展现个人艺术才能。教师还可以通过艺术创作过程中的主题探索,促使学生思考并表达对社会政治现象的个人感受和批判。此外,这些作品可以在学校展览,激发校园内外对相关主题的讨论和反思。

六、情感性原则

通过情感教育和情感引导,可以培养学生情感能力、情绪管理能力和社交能力,为其全面发展奠定坚实基础。

(一)情感性原则简介

情感性原则关注的是培养学生的情感发展和情绪体验,通过情感共鸣和情感体验来促进学习和人格发展。情感性原则强调情感与认知、智力的相互作用，认为情感因素对学习和思维的发展具有重要影响。

情感是人类的基本特征之一，对学习和认知过程起着重要作用。学生的情感状态会影响他们的学习动机、兴趣和参与度。当学生对学习内容产生情感共鸣时，他们更容易产生兴趣和主动参与学习，从而提高学习效果。因此，在教学过程中，教师应该注重培育学生对学习内容的情感投入，激发他们的学习兴趣和积极性。情感性原则注重教师与学生之间的情感互动。教师是情感交流的重要媒介，他们的情感表达和情感态度会影响学生的情感体验和学习动机。教师应该建立良好的师生关系，关心学生的情感需求，给予他们情感支持和鼓励。通过与学生的情感互动，教师可以更好地理解学生的情感状态，调整教学策略，创造积极的学习氛围。另外，情感性原则关注学习环境的情感氛围。学习环境对学生的情感体验和情感发展具有重要影响。一个积极、温暖的学习环境可以激发学生的学习热情和积极情感，促进他们的学习和发展。教室的布置、教学资源的选择、同学之间的互动等方面都可以影响学习环境的情感氛围。教师应该通过营造和谐友好的学习氛围，让学生感受到关怀和支持，从而促进他们的情感发展和学习成果产生。而且情感性原则强调情感教育的重要性。情感教育是培养学生情感能力和情绪管理能力的重要途径。通过情感教育，学生可以学会理解和表达自己的情感，正确处理情绪，培养积极的情感态度和情感价值观。情感教育可以提高学生的情商，增强他们的自我意识和社交能力，为他们未来的人生发展打下坚实的基础。情感性原则强调情感与学习的密切关系，提倡情感投入、情感互动和情感教育。通过关注学生的情感发展和情感体验，教师可以更好地激发学生的学习兴趣和积极性，促进他们的学习和人格发展。

（二）情感性原则指导下的思政课叙事艺术

在思政课教学中，运用情感性原则指导叙事艺术的运用，可以使得课堂更加温暖、亲近，增强学生的情感投入和参与度。

思政课的目标是引导学生对社会、人生、价值等问题进行思考，而情感共鸣是激发学生思考的重要途径。通过精心设计的叙事情节和角色形象，可以唤起学生的共鸣，让他们能够从情感上与故事中的人物产生共鸣，进而深入思考问题。通过音乐、绘画、影像等多种艺术形式的运用，使教学更具感染力和艺术性。同时，思政课叙事教学还可以通过情感表达来引发学生的情感体验和参与。教师可以运用讲故事、演示、互动等方式，将思政内容与学生的情感联系起来，引发他们的共鸣和思考。教师自身的情感表达也很重要，要展现真实的情感态度和情感体验，让学生感受到师生之间的情感互动和关怀。

情感性原则尤其注重情感氛围的营造。思政课的教学环境应该是一个积极、温暖的情感空间。教师可以通过温暖的语言、友好的态度、鼓励和赞美等方式，营造良好的情感氛围，让学生在轻松、愉快的氛围中参与到课堂中来。此外，音乐、影像、艺术品等的运用也可以营造出浓厚的情感氛围，激发学生的情感共鸣和参与意识。情感性原则具有强烈的情感引导力量。在思政课中，教师可以通过故事、案例等情感化的叙事方式，引导学生产生情感体验，并从中发掘出深刻的思考和感悟。教师可以引导学生表达自己的情感，鼓励他们从情感的角度出发思考问题，提出自己的见解和观点。情感引导可以让学生更加深入地理解和体验思政内容，增强他们的情感认同和情感价值观。

第三章　思政课教学叙事艺术的实践步骤、注意事项与发展趋向

第一节　思政课教学叙事艺术的实践步骤

思政课教学叙事艺术的实践步骤如图 3-1 所示。

图 3-1　思政课教学叙事艺术的实践步骤

一、确定教学目标

确定教学目标是思政课教学叙事艺术实践的第一步。教学目标的明确性和准确性对于教学的有效性和学生的学习效果至关重要。

通过制定明确的教学目标，教师可以获得明确的教学方向，确定应该关注和强调的重点，从而有针对性地组织教学内容和教学过程。教学目标需要根据课程目标和教学要求设计，这要求教师深入了解课程内容和学科要求，不断提升自己的专业知识和教学能力。明确的教学目标还可以激发学生的学习动机，让他们了解自己学习的目的和意义，从而更加主动地参与学习活动。教学目标还提供了评价学生学习成果的标准和依据。通过教学目标的设定，教师可以制定相应的评估方式，检查学生是否达到了预期的学习效果。

在确定教学目标时，需要遵循特定的原则或标准。首先，教师应对课程要求和标准进行分析，仔细研读思政课的教学大纲、课程目标和相关标准，了解课程设置的核心内容和学生应具备的核心素养，并在此基础上确定教学目标。其次，教师应了解学生的背景、兴趣和学习需求，充分考虑他们的学习能力和认知水平，确保教学目标与学生的特点相适应。再次，在确定教学目标的过程中，教师应与学生进行讨论和交流，听取他们的意见和建议，鼓励学生参与目标的设定和修订，增强学生的主体性和责任感。最后，思政课的核心任务是培养学生正确的价值观。因此，教学目标应突出强调价值观的培养，如公民意识、社会责任感、创新精神等。

涉及具体的教学目标制定，要践行以下几条措施。

第一，教师可以根据不同的学习阶段设定教学目标。在思政课教学中，分阶段设定目标是确保学生逐步取得预期学习成果的关键步骤。通过设定短期目标和长期目标，教师可以逐步引导学生发展，帮助他们逐步理解和应用社会主义核心价值观。短期目标，是在较短时间内实现的目标，通常与单个课时或一小段学习内容相关。教师可以根据教学进度和学生的学习情况，设定具体的短期目标，帮助学生掌握基础知识和概念，培养学生基本的思考能力。例如，在介绍一个具体的道德问题时，短期目标可以设定为让学生了解该道德问题的背景和相关概念，理解不同观点的论证和辩解，以及能够提出自己的观点并使用事实和证据加以支撑。长期目标，是在较长时间内逐步实现的目标，通常与一段较长时间的教学单元或整个学期的学习内容相关。教师可以设定更为复杂和深入的长期目标，引导学生形成持久的价值观和思维方式。例如，在一个学期的思政课中，长期目标可以设定为培养学生的社会责任感和公民意识，即通过多个教学单元的学习和讨论，学生逐步理解社会问题的复杂性，认识到个人行为对社会的影响，形成积极的社会参与意识，并能够运用所学知识积极思考解决实际问题的方法。

第二，教学目标应具备可测量性和可评价性。可测量性即能够进行客观的测量和评价。这意味着教师应能够通过具体的评估工具来判断学生是否达到了预期的目标。例如，教师可以通过测验、作业、项目展示等方式来评估学生的学习成果。可评价性即能够根据一定的标准进行评估。在设定目标时，教师应明确评估的标准和要求，确保评估的客观性和准确性。这样可以确保教师对学生的学习成果进行有效的评估，并提供有针对性的反馈和指导。

第三，在确定教学目标后，教师应将其与教学内容和教学方法结合起来，设计出合适的教学活动和评估方式，以引导学生在叙事艺术实践中达到预期的学习效果。教师可以根据教学目标和学生的学习需求，设计多样化的教学活动，以促进学生的参与和互动，如组织小组讨论、角色扮演、案例分析、实地调研等活动，让学生在实践中探索和应用所学的知识和思维方式；结合叙事艺术，使用影片、音乐、绘画等多媒体资源，激发学生的情感和想象力，提供更丰富的学习体验。教师还可以根据教学目标和学生的学习特点，选择合适的教学方法来达到预期的教学效果，如运用启发式教学法，引导学生主动思考和探索，通过提出问题、引发讨论和分享经验，培养学生的批判性思维和创新能力；使用案例分析法、问题解决法等实践性教学方法，让学生将所学知识应用到实际情境中，从而培养学生的实际操作能力和解决问题的能力。

二、策划故事内容

在思政课教学叙事艺术实践中，策划故事内容是一个重要的步骤。通过选择合适的故事内容，教师可以有效地传递社会主义核心价值观，引发学生的思考和讨论，促进他们的价值观形成和发展。

在策划故事内容之前，教师要确保教学目标与社会主义核心价值观相一致。例如，教学目标可能包括培养学生的社会责任感、提升公民意识、引导正确认识自我和他人等。根据教学目标和学生的特点，教师可以选择不同类型的故事，如真实的人生经历、具有道德教育意义的故事，或者是文学、电影、音乐等艺术作品。教师应根据教学目标以及学生的爱好，选择故事类型，策划故事情节和结构。故事情节应具有连贯性和吸引力，能够引发学生的情感共鸣和思考；故事的起承转合应该合理安排，能够引发学生的思辨和探索。教师应在故事中引入一些关键事件或冲突，以激发学生的思考和讨论，如设置一些问题，引导学生思考故事中的道德困境、社会问题或人生选择，帮助学生思考不同的观点和解决方法。教师还应在故事之后提供反思和总结的机会，让学生对故事中的情节、人物和价值观进行反思和总结，如通过小组讨论、写作或口头表达等方式，促进学生对故事的深入思考和理解。通过这样周密而翔实的策划活动，教师能够有效地激发学生的兴趣，引发学生思考，促进学生对社会主义核心价值观的理解和认同。

三、选择艺术形式

合适的艺术形式直接关系到教学内容的表达效果和教学目标的实现。

在实际应用中，教师可以选择多种艺术形式，如戏剧、电影、音乐、绘画、雕塑等，让学生在感受艺术魅力的同时，接触和理解思政课的重要内容。

选择艺术形式的前提是对教学内容有深入的理解。教师需要根据教学内容的性质和特点，选择最能体现其内涵的艺术形式。例如，在讲授社会主义核心价值观的课程中，教师可以选择戏剧这种艺术形式，通过角色塑造和情节设计，让学生感受社会主义核心价值观的内涵和重要性。

在选择艺术形式时，教师还需要考虑学生的接受能力和兴趣。不同的学生有不同的艺术喜好，教师应尽可能地选择那些能引起学生兴趣、使他们愿意主动参与和学习的艺术形式。例如，对于喜欢音乐的学生，教师可以在课程中加入音乐元素，通过歌曲或音乐剧，让学生在欣赏音乐的同时，理解和感受思政课的教学内容。

选择合适的艺术形式，不仅可以生动地呈现教学内容，还可以激发学生的情感和想象力。例如，通过绘画和雕塑，学生可以将抽象的思政概念具象化，用自己的方式表达对思政教学内容的理解。这种艺术实践不仅增强了学生对思政课内容的记忆，而且促进了他们的思考和创新思维。

总的来说，选择艺术形式是思政课教学叙事艺术实践的关键一步。通过选择合适的艺术形式，教师能够将思政课的教学内容生动地呈现给学生，激发他们的情感和想象力，促进学生对思政教育内容的深入理解和内化。这样的教学方式不仅能够提高教学效果，还能够培养学生的艺术素养和创新思维，对于提高思政课的教学质量和效果具有重要的意义。

四、引导学生参与

引导学生参与是实现学生主体地位、提高学生积极性，以及深化学生对思政教学内容理解的重要方式。引导学生参与，可以有效地将教师的教学目标转化为学生的学习行动，让学生从被动接受知识变为主动探索知识，从而真正实现教与学的相互促进。

在思政课的教学过程中，引导学生参与可以从多个方面来实施。

首先，教师可以在课堂上设计各种互动活动，让学生在活动中体验和理解思政课的教学内容。例如，在讲授社会主义核心价值观的课程中，教师可以组织学生进行角色扮演，每个学生代表一种价值观，通过角色扮演的方式让学生体验和理解每种价值观的内涵。又如，教师可以引导学生进行小组讨论，让学生从自身实际出发，深入探讨社会主义核心价值观在现实生活中的体现和意义。

其次，教师可以将艺术实践活动融入教学过程，让学生在艺术创作中理解和感受思政课的教学内容。例如，在讲授人民民主专政的课程中，教师可以引导学生创作相关的绘画或雕塑作品，让学生用艺术的方式表达对人民民主专政的理解。通过这种方式，学生可以将抽象的政治概念具象化，从而更深入地理解和感受思政课的教学内容。

最后，教师还可以通过实践活动，如社会实践和社区服务，让学生将思政课的理论知识应用到实际生活中。例如，教师可以组织学生参与社区的环保活动，让学生在实践中理解社会主义生态文明的理念，感受个人行动对社会和环境的影响。这种方式不仅可以提高学生的社会责任感，还可以让学生在实践中体验和理解思政课的教学内容。

总的来说，通过引导学生主动参与教学过程，教师可以更好地实现教学目标，提高教学效果，同时能够促进学生的全面发展。

五、充分展示作品

作品的展示形式多种多样，不仅可以是传统的课堂展示，还可以是线上展示、校园艺术节、社区服务等多种形式。不同的展示形式可以满足不同的教学目标和学生需求，因此，教师应根据教学内容和学生的实际情况选择合适的展示形式。例如，关于"传承中华传统美德"的课程中，学生会创作与中华传统美德相关的书法作品或绘画作品。教师可以组织一个以"传承中华传统美德"为主题的在线展览。这样的在线展览可以让学生在创建过程中深入探讨并表达如孝顺、诚信、礼仪等美德。学生的作品可以通过学校的网站或社交媒体平台展出,让校内师生欣赏,也可以邀请家长和社区成员在线观看,从而扩大影响力和参与度。此外,教师还可以安排一些学生通过视频解说自己的作品,介绍创作灵感来源于哪些传统故事或历史人物,这样的解说不仅可以增强学生的口头表达能力和对传统美德的理解,还可以加深观众对作品含义的理解。

充分展示作品也有利于学生建立自信心和自我价值感。当学生看到自己的作品得到他人的认可和赞赏时,他们会更有动力去创作和学习,这对于提高思政课的学习积极性和效果具有重要的意义。

总的来说,充分展示作品是思政课教学叙事艺术实践的重要一环。通过充分展示作品,教师可以有效地展示和肯定学生的学习成果,提高思政课的教学效果,同时能够鼓励学生继续积极参与思政课的学习。

六、激发深入思考

通过激发学生深入思考,教师可以引导学生超越课堂内容的表象,挖掘其深层次的内涵,使学生全面、深入地理解思政课的教学内容,从而实现教学目标。

(一)通过问题引导的方式激发学生深入思考

问题引导的方式有助于激活学生的思维,增强学生独立思考和解决问题的能力。在这个过程中,教师应鼓励学生勇敢地表达自己的观点和看法,即使他们的答案可能与教师或者大多数学生的观点不同。这样可以培养学生的思考深度和广度,进一步提高他们的批判性思维能力。例如,在探讨公民道德与社会公德的课程中,教师可以抛出问题:"你认为个人利益与社会利益发生冲突时,应该如何选择?"这个问题挑战了学生的思维,需要他们对个人利益和社会利益的关系进行深入的思考和理解,从而更好地理解公民道德与社会公德的关系。又如,在讲法治社会与道德规范的课程中，教师可以问："你认为法律与道德在规范社会行为上的作用分别是什么？"这个问题需要学生深入思考法律与道德在社会生活中的地位和作用，以及它们在规范社会行为方面的相互作用和影响，从而更深入地理解法治社会与道德规范的关系。

问题引导的方式不仅可以在课堂上采用，还可以结合课后作业和课外活动加以采用。例如，教师可以设计一些以问题为主题的作业和活动，让学生在课后继续思考和探索，进一步深化他们的理解和思考。这种方式不仅可以激发学生的深入思考，还有助于提高他们的自主学习能力，从而实现思政课的教学目标。

总之，通过问题引导的方式，教师可以有效地激发学生深入思考，促进他们对思政课的教学内容进行全面、深入的理解和掌握，从而提高思政课的教学效果。

（二）通过艺术实践活动激发学生深入思考

艺术实践活动具有独特的优点，它能够以直观、生动、具象的方式呈现抽象的思政理论知识，从而使学生更好地理解和掌握这些知识。同时，艺术实践活动能够培养学生的创新能力和实践能力，提高他们的综合素质。在艺术创作过程中，学生需要将理论知识与艺术创作结合起来。这不仅需要学生对知识内容进行深入理解，还需要进行创新思考，思考如何用艺术的方式将这些知识进行再创造，将抽象的理论知识具象化，使之变得生动、有趣。例如，在讲授社会主义现代化建设的课程中，教师可以组织学生创作一部关于社会主义现代化建设的微电影。在微电影创作过程中，学生不仅要理解社会主义现代化建设的内容，还要考虑如何通过镜头、剧情、人物等元素来生动展现社会主义现代化建设的过程和成果，使观众能够通过微电影更直观、更深入地理解社会主义现代化建设的内涵和意义。又如，在讲解中国特色社会主义道路的课程中，教师可以引导学生创作一部关于中国特色社会主义道路的话剧。在话剧创作的过程中，学生需要将理论知识与实际生活结合起来，思考如何通过话剧的形式来展现中国特色社会主义道路的特点和优势，使观众能够通过话剧更形象、更深刻地理解中国特色社会主义道路的内涵和价值。这些艺术实践活动，不仅可以帮助学生深入理解和掌握思政课的教学内容，还能够提高他们的创新能力和实践能力，从而实现思政课的教学目标，提高教学效果。

（三）通过反思和评价的方式激发学生深入思考

反思和评价是深化理解和提高学习效果的重要环节，也是激发学生深入思考的重要方式。这种方式可以促进学生的自我学习，提高他们的批判性思维能力，并帮助他们更好地理解和掌握思政课的教学内容。例如，在学生创作了关于弘扬正能量的短剧后，教师可以组织学生观看并反思自己的作品，提出短剧中呈现得较好的部分，以及需要改进的地方。对此，教师可以提出指导性的问题，如"你认为短剧中哪些部分最能体现社会主义核心价值观？"这样的问题能够引导学生从多角度反思和评价自己的作品，并提高对社会主义核心价值观的理解。此外，教师可以让学生互相评价作品。通过这种方式，学生不仅可以从他人的作品中学习到新的知识，还可以从他人的视角了解和反思自己的作品，进一步提高自己的批判性思维能力和自我反思能力。

七、引导反思总结

引导反思总结这一步主要是帮助学生回顾和整理自己的学习过程，促进学生对自己的思维方式、学习策略和行为模式进行反思，以提升其自主学习的能力。首先，反思总结能够帮助学生梳理自己的学习过程，对学习内容、方法以及效果进行整体回顾和评价。通过反思，学生可以更清晰地认识自己的学习成果，评价自己的学习方法，分析自己在学习过程中的困难和挑战，并寻求解决方案。这有助于他们调整和优化学习策略，提升学习效率。其次，反思总结可以帮助学生理解和明确学习的目的和价值，从而促使他们更加主动地学习。通过反思总结，学生可以明确自己的学习目标，理解自己学习的原因和动机，探索学习的价值和意义。这可以激发他们的内在动力，提高他们的学习投入程度和积极性。最后，反思总结是培养学生批判性思维的重要手段。教师可以通过指导学生进行反思总结，帮助他们发展和提升批判性思维能力。通过批判性反思，学生可以发现自己的思维偏见和盲点，质疑和挑战既有的知识和理论，从而扩展思维，增强创新能力。

综上所述，引导反思总结是思政课教学叙事艺术实践的重要一环。教师应该鼓励和指导学生进行有效的反思总结，培养学生的独立思考能力，提升他们的自我学习能力，从而提高教学质量和效果。

八、紧密联系现实

思政课教学叙事艺术实践的最后一环，即紧密联系现实。这一步骤的目标是让学生意识到思政课程的现实意义和应用价值，以提高学生的学习动力和主动性。紧密联系现实具有以下几个方面的现实意义。第一，紧密联系现实可以使学生更好地理解思政课程的教学内容。当教学内容与学生的日常生活、个人经验以及社会实践紧密相关时，学生可以通过自己的经验和观察来理解和解释新的知识和概念，这有助于提高他们的理解能力和记忆力。第二，紧密联系现实可以使学生更加重视思政课程的学习。当学生认识到思政课程的知识和技能对他们的个人发展、职业规划以及社会参与有直接的影响和作用时，他们会更加重视和投入思政课程学习。第三，紧密联系现实可以提高思政课程的教学效果。当学生可以在真实的社会环境和实践中应用和验证所学的知识和技能时，他们将得到更深刻的学习体验，从而提高思政课程的教学效果。第四，紧密联系现实可以提高学生的社会责任感和公民意识。当学生在学习过程中深入了解社会现实，参与社会实践，他们将更好地理解自己的社会责任和公民角色，并通过实际行动来履行这些责任并扮演好自己的角色。

涉及具体的实践，教师可以在教学中采取以下方法。第一，选择一些与教学内容相关的实际案例进行讲解，让学生在具体的实际情境中理解和把握理论知识，从而将抽象的理论知识与具体的实际情况联系起来。例如，在讲授法律原则时，教师可以选取一些典型的法律案例，引导学生结合案例分析法律的具体应用。第二，设计一些与教学内容相关的情境，让学生在模拟的情境中进行角色扮演，通过亲身体验，加深对知识的理解。例如，在讲解民主决策过程时，教师可以组织模拟"人民代表大会"活动，让学生扮演各种角色，通过模拟议会辩论，使学生理解民主决策的重要性和过程。第三，组织学生进行社会调查，通过实地访问、问卷调查等方式收集相关的社会数据，然后将这些数据用于课堂讨论和分析。例如，在学习社会经济问题时，教师可以指导学生进行社区调查，收集相关数据，然后在课堂上分析和讨论这些数据，帮助学生理解和应用社会经济理论。第四，指导学生选择与教学内容相关的课题进行研究，让学生通过实际操作，掌握研究方法，增强解决实际问题的能力。例如，在学习环境保护理论时，教师可以指导学生开展关于学校环境保护的课题研究，让学生通过实地观察、资料收集、数据分析等方式，探索学校环境保护的现状和策略。第五，组织学生参加各种社会实践活动，让学生在实践中体验和理解教学内容。例如，在学习公民责任和权利时，教师可以组织学生参与社区服务，通过实际行动，理解和履行公民的社会责任。

第二节　思政课教学叙事艺术的注意事项

思政课教学叙事艺术的注意事项如图 3-2 所示。

图 3-2　思政课教学叙事艺术的注意事项

一、选择合适的故事和艺术形式

选择合适的故事和艺术形式是一门艺术，也是一种技巧。教师需要具有深厚的文化底蕴，熟悉多种艺术形式，还需要了解学生的兴趣和特点，这样才能选择到符合教学目标、引发学生兴趣和共鸣的故事和艺术形式。

故事叙事是一种非常有效的教学工具。好的故事具有较强吸引力，能够让学生全身心投入故事中。因此，教师在选择故事时应尽量选择那些情节紧张、有高潮、有冲突、有解决方案的故事。这样的故事能够引起学生的强烈兴趣，使学生愿意主动参与故事的讨论和分析。

教师在选择艺术形式时，需要考虑学生的年龄、接受能力和兴趣。例如，对于年纪较小的学生，可以选择音乐、绘画等直观、生动的艺术形式；对于年纪较大的学生，可以选择电影、戏剧等更为复杂、抽象的艺术形式。这样，不仅可以让学生在享受艺术的过程中，理解和掌握思政课的知识，而且可以培养他们的审美情趣，提高他们的艺术素养。

教师在选择故事和艺术形式时，需要考虑教学环境和资源，如教室的设施，以及可用的教学资源。例如，如果教室有投影设备，那么可以选择电影；如果教室空间较大，那么可以选择戏剧。

教师在选择故事和艺术形式时，还需要考虑学生的差异。每个学生都有自己的特点和优点，教师需要根据学生的特点和优点，选择适合他们的故事和艺术形式。例如，对于喜欢音乐的学生，可以选择音乐剧；对于喜欢绘画的学生，可以选择图画书。

总之，选择合适的故事和艺术形式，不仅可以提高思政课的教学效果，还可以提高学生的学习兴趣，增强他们的学习动力。同时，这也是对教师教学能力的一种考验和锻炼，需要教师不断学习，不断提高。

二、关注故事的真实性和可信度

确保故事的真实性和可信度是非常重要的。无论是真实的历史事件，还是创造出来的虚构情节，只有当它们在情感、逻辑和情境上具有真实感和可信度时，才能真正触动学生的心弦，引起他们的共鸣和思考。

对于真实的故事，其真实性和可信度往往来自真实的历史和生活。教师需要对故事进行深入的研究，理解其背景和环境，把握其主要事实和细节，以确保其真实性和可信度。在教学过程中，教师需要将这些故事与思政课的主题和内容结合起来，让学生从中看到真实的社会生活，理解和感受思政课的真谛。

对于虚构的故事，其真实性和可信度主要来自故事的内在逻辑和情感的真实性。教师需要精心构思和设计故事，让故事中的情节和人物塑造具有合理性，避免过于夸张或不切实际的情节设置。在教学过程中，教师需要引导学生深入理解和分析故事，理解故事中的冲突和矛盾，感受故事中的情感和人物情绪，从而引发他们的思考和讨论。

真实性和可信度是故事的生命。只有真实可信的故事，才能让学生对故事产生共鸣，引发他们的思考和讨论，使他们从故事中获得深刻的理解和感悟。故事的真实性和可信度，不仅是对教师教学水平的一种考验，而且是对学生学习效果的一种保障。

无论是选择真实的故事，还是创造虚构的故事，教师都需要保证故事的真实性和可信度，使其成为有效的教学工具，引导学生深入理解和掌握思政课的知识。

三、注重故事的情感共鸣和启发性

故事的情感共鸣和启发性是故事在教学中起到关键作用的两个重要因素。这两个因素不仅能够吸引和保持学生的注意力，还能够引发学生的思考，引导他们进行深入的学习和探索。

情感共鸣，是指故事能够引发学生的内心感触，使学生产生强烈的共鸣和共感。这种共鸣可能来源于故事中的人物、情节、冲突，也可能来源于故事所揭示的生活真理和人性光辉。当学生在故事中看到自己的影子，感受到人物的喜怒哀乐，体验到生活的苦难和喜悦时，他们就会对故事产生深深的共鸣，对故事中的人物和事件产生深刻的理解和感悟。

启发性，是指故事能够引发学生思考，启发他们对自己和世界产生认知。故事中的冲突和矛盾，人物的选择和转变，以及故事所揭示的价值观和思想，都可能引发学生的思考和讨论。通过对故事的解读和分析，学生不仅可以理解和掌握思政课的知识，还可以发展自己的思维能力，提高自己的思考水平。

情感共鸣和启发性是故事教学法的两个关键因素。通过故事，教师可以引发学生的情感共鸣，引导他们深入理解和感悟思政课的知识，同时可以启发他们思考，引导他们进行深入的学习和探索。只有在情感共鸣和启发性的双重作用下，故事才能成为一种有效的教学工具，发挥出其在思政课教学中的独特作用。

因此，教师需要选择能够引发学生情感共鸣和具有启发性的故事，用故事来讲述思政课的知识，引导学生深入理解和掌握这些知识。在这个过程中，教师需要精心选择和设计故事，注重故事的情感共鸣和启发性，这样才能使故事成为一种有效的教学工具，发挥出其在教学中的作用。

四、创造积极的学习氛围

积极的学习氛围有助于提升学生的学习兴趣，激发他们的思考活动，促进他们主动学习。因此，教师在进行思政课教学时要做到以下几点。

第一，把握好教学节奏，使课堂气氛既不紧张也不松散。教学节奏的把握需要教师在教学过程中灵活运用教学策略，调动学生的学习积极性，使他们在紧张和轻松之间找到一个平衡点。

第二，尊重每一个学生，鼓励他们积极表达自己的观点和想法。教师应以开放的心态对待学生的问题和意见，鼓励他们勇于发表自己的看法，尊重他们的独立思考，以此培养他们的批判性思维能力和创新精神。

第三，运用各种教学策略激发学生的学习兴趣，如情境教学、问题引导、小组讨论等。这些教学策略可以让学生在互动和合作中提高自己的学习能力，同时可以增强他们的团队精神和社会技能。

第四，通过艺术形式吸引学生的注意力，激发他们的想象力，让他们在享受艺术的同时学习思政课的内容。这样不仅可以提高学生的学习效果，还可以让他们在学习过程中获得愉悦的体验。

五、整合课堂活动和评估方式

在思政课教学中，整合课堂活动和评估方式是十分重要的。它不仅有助于提高学生的学习积极性，而且有助于检验学生对课程内容的理解程度和学习成效，还可以帮助教师了解学生的学习进度，从而更好地指导学生进行深层次的学习。

整合课堂活动主要涉及两个方面：教学活动的设计和实施以及教学活动的评估。

在设计和实施教学活动时，教师应考虑活动的目的、内容、形式、时间、地点等多个因素，以确保活动的针对性和有效性。例如，教师可以根据教学目标和学生的特点设计一些与故事相关的小组讨论、角色扮演、作品创作等活动。这些活动旨在鼓励学生积极参与，使学生通过交流和合作来理解和掌握课程内容。

在进行教学活动的评估时，教师需要明确评估的目标、标准和方法，以便准确地评价学生的学习成果。评估方式可以包括书面作业、口头报告、作品展示等，这些评估方式不仅可以检验学生的知识理解和应用能力，还可以了解他们的思考方式和学习态度。

从整体而言，整合课堂活动和评估方式是一个系统的过程，需要教师具备较强的教学设计和评估能力。只有这样，教师才能更好地运用叙事艺术形式进行思政课教学，提高教学质量。

六、提供适当的反馈和指导

提供适当的反馈和指导对于思政课教学中的叙事艺术实践的成功实施至关重要。这样做可以有效地帮助学生理解故事中的价值观和思想，提升他们的思维能力和表达能力，使他们更好地理解和掌握课程内容，实现教学目标。

教师反馈和指导的重要性主要体现在以下几个方面。

第一，反馈和指导可以帮助学生纠正错误。在学习过程中，学生可能会对一些概念和问题有误解或困惑。教师的反馈和指导可以帮助学生理解和解决这些问题，使他们正确理解故事中的价值观和思想。

第二，反馈和指导可以帮助学生深化理解。教师可以通过讨论、个别指导、写作反思等方式，与学生进行深入的交流和互动，帮助他们深入理解故事的内涵和意义，激发他们的思考能力。

第三，反馈和指导可以提升学生的学习动力和自信心。当学生看到自己的进步和成长时，他们会更加积极地参与学习，对学习产生更多的热情和信心。

第四，反馈和指导可以帮助教师了解学生的学习情况，以便更好地调整教学方法和策略。通过观察学生的表现和反馈，教师可以了解学生的理解程度、思考方式等，从而做出相应的教学调整，以满足学生的学习需要。

总的来说，提供适当的反馈和指导对于提高思政课教学效果和学生的学习成效具有重要作用。教师应根据学生的特点和需要，选择合适的反馈和指导方式，以提高教学效果和学生的学习满意度。

第三节　思政课教学叙事艺术的发展趋向

一、信息化趋向

随着科技的进步，思政课教学叙事艺术实践也在借助各种新的技术手段进一步发展。信息化趋向在一定程度上正在改变人们对教育的认知和实践，特别是在思政课教学中，它为教师提供了前所未有的机会。

（一）数字化使教学内容和形式变得更加多元化

数字化可以使教学内容和形式变得更加多元化。例如，利用图形、动画、视频等工具讲述一个事件或者表达一个观点，可以使教学内容更加生动、具象，从而激发学生的兴趣，更好地吸引他们参与学习。而且，这种形式也使思政课教学的时间和空间变得更加灵活，学生可以在课堂之外的任何地方进行学习，提高学习的效率和效果。

（二）技术化使教学活动变得更加丰富和具有互动性

技术化对于思政课教学叙事艺术实践的影响显著。技术的应用不仅改变了教学形式，而且扩展了教学的深度和广度。首先，技术的运用使教学活动变得更加丰富。在传统的思政课教学中，教师主要通过讲解、讨论等方式进行教学，而学生的参与度和主动性有时可能不尽如人意。而技术的应用，如网络平台的使用，可以邀请学生在线参与讨论、合作完成项目，这种形式的学习活动既可以让学生在课堂之外也能参与到学习中来，也可以鼓励他们更加主动地参与，进一步激发他们的学习兴趣和动力。其次，技术化使教学更具有互动性。技术的运用能够打破课堂的物理空间限制，使学生可以在任何地方、任何时间进行学习，同时可以实现教师与学生、学生与学生之间的实时交流，增强教学的互动性。同时，通过网络平台的在线互动功能，教师可以实时获取学生的反馈信息，并据此调整教学内容和方式，使教学更具针对性。最后，技术的运用有助于教师对学生的学习进行精确地跟踪和评估。大数据和人工智能等技术的发展使教师可以轻松收集和分析学生的学习数据，准确地了解每一位学生的学习情况，评估他们的学习效果，以此来提供更为个性化的教学服务。这种方式不仅可以帮助教师更好地理解学生的学习需求，提升教学质量，也可以让学生更好地了解自己的学习进度和问题，提高他们的自我学习和自我调节能力。

尽管技术的应用带来了许多优点，但人们也需要看到，技术并不能取代教师的角色，而且技术的使用也需要有针对性和合理性。教师需要根据实际的教学目标和学生的学习需求，合理选择和使用技术，以确保技术真正地服务于教学。

此外，技术并不是教学的万能钥匙，教师应明智地使用它。一方面，教师需要具备一定的技术素养，能够熟练使用各种教学技术，并能够根据学生的学习需要和教学目标，选择最合适的教学技术。另一方面，教师需要注意技术的使用不应该削弱思政课的人文性，也不能忽视学生的实际学习经验和情感需求。

总的来说，数字化和技术化为思政课教学提供了新的可能性，但其实质依然是人的教育，教师应当把握好技术与教育的关系，使之真正为思政课教学服务。

二、跨学科融合趋向

跨学科融合对于思政课教学叙事艺术实践的影响是深远的，它有助于实现更为全面、深入的教学，使学生在多元视角下理解社会现象，提升他们的思维能力和创新能力。

跨学科融合使思政课不再局限于政治、历史、哲学等传统学科，而是开始引入艺术、科学、文学等多元学科的内容。这一改变使思政课的教学内容变得更加丰富多元，教师和学生可以从更广泛的视角去探讨社会现象和问题。这样不仅可以激发学生对知识的兴趣和好奇心，提高他们的学习积极性，还可以提升他们的视野和认知，使他们能够从不同的角度和层面理解和思考问题。

跨学科融合有助于提高学生的思维能力和创新能力。在跨学科学习过程中，学生需要将不同学科的知识和方法进行整合，以便对问题进行全面的理解和分析。这种跨学科的思维方式能够提升学生的思维能力，也有助于激发他们的创新精神，使他们在理解和解决问题时产生新的思考和见解。

跨学科融合有利于培养学生的全人素质。在跨学科的教学过程中，学生可以在学习专业知识的同时，培养自己的人文素养、艺术修养、科学素养等，从而更好地适应社会的需求和挑战。而这种全人素质的培养，也是教育的根本目标和价值所在。

尽管跨学科融合有明显的优点，但实施起来也需要面对一系列的挑战，如如何平衡不同学科的学习内容和方法，如何保证学科的深度和广度等。因此，教师在进行跨学科教学时，需要有明确的目标和计划，合理安排教学内容和方式，确保教学的质量和效果。

三、传统文化的丰富和发展趋向

在当前全球化的背景下，思政课程的教学也将更加注重传统文化的渗透和运用，尤其是中国的传统文化。传统文化是一个民族、一个国家精神面貌和价值观的重要体现，它的历史积淀和道德教育资源在思政课程的道德教育中发挥着至关重要的作用。这一积淀不仅来源于数千年的历史文化熏陶，更包含了先人对生活智慧的沉淀和总结，这些深深烙印在一个民族的集体记忆中，影响着一代又一代人的思考方式和行为习惯。

对于思政教育来说，运用传统文化资源，把历史中的道德观念、价值观念融入教学过程中，可以更有效地引导学生理解并接受这些观念和价值。传统文化中的道德教育资源，如忠诚、孝顺、互助、和谐等，都是在思政教育中需要灌输的重要价值观。在教学过程中，教师可以借助古人的智慧，以及他们在处理各种社会关系中所表现出的道德风貌，让学生从中得到启示，从而更好地理解和接受这些观念和价值。这种利用传统文化资源进行教学的方式，不仅有助于学生形成正确的道德观念和社会责任感，而且有助于他们建立起对本民族文化的认同感和尊重感，培养他们的文化自信心。因此，传统文化在思政教育中起着不可替代的重要作用。

中国的传统文化是千百年历史积淀下的精神瑰宝，其中蕴含的东方智慧对于理解和接受社会主义核心价值观具有不可估量的影响力。中国传统文化的精髓，如儒家的仁爱思想、道家的自然理念、佛家的宽容精神，不仅塑造了中华民族的文明特质，而且为现代社会提供了独特的道德指导。儒家的仁爱思想强调人与人之间的和谐相处，倡导尊重他人，和睦共处，这与我国社会主义核心价值观中的和谐有着紧密的联系。道家的自然理念倡导人与自然的和谐共生，强调顺应自然，这可以帮助学生理解中国特色社会主义对于生态文明建设的重视。佛家的宽容精神则倡导宽恕和谅解，这可以引导学生在处理人际关系和社会矛盾时，充分展现包容和理解。这些传统文化中的东方智慧对于培养学生的道德素质，引导他们树立正确的价值观念，以及帮助他们理解和接受社会主义核心价值观，有着重要的作用。因此，教师在教学过程中应充分利用这些文化资源，通过生动丰富的叙事教学方法和艺术形式，让学生更好地理解和接受这些观念和价值，进一步提升思政课程的教学效果。

中国的传统文化艺术形式，如京剧、国画、书法等，以其深厚的文化内涵和独特的艺术魅力，担负着传承文化的重任。作为思政课程教学的重要载体，中国的传统文化不仅富有艺术感染力，而且蕴含了丰富的历史和哲学思想。例如，京剧以其丰富的剧目、形象鲜明的人物和独特的表演方式，对观众有着强大的吸引力。京剧中蕴含的传统道德观念和社会价值观，也可以与思政课程的教学内容结合起来，使学生在欣赏艺术的同时，提升自身的道德素质和社会责任感。国画和书法作为中国传统艺术的代表，其独特的表现手法和艺术精神，不仅能够提高学生的审美素质，还能引导他们深入理解中华优秀传统文化的精髓。国画中的"意境深远"，书法中的"气韵生动"，都蕴含着东方智慧，对于启发学生的思维和创新能力具有重要作用。通过这些传统文化艺术形式的运用，教师可以引导学生深入理解和体验传统文化，提高他们的审美能力和创新能力。这既丰富了教学手段，又有利于提升思政课程的教学效果。所以，教师在设计教学内容和方法时，应充分考虑这些传统文化艺术形式的运用，把它们融入教学活动中，以提高教学质量和效果。

四、全球化视野的发展趋向

在全球化的大背景下，思政课教学必须具有全球视野，这既是思政课的教学要求，也是当前社会发展的必然趋势。全球视野不仅意味着对世界的认识，更重要的是要拥有全球性思维方式，能够把握世界的大趋势，理解和尊重不同文化，具有广阔的国际视野和较强的跨文化交流能力。

在全球化视野的发展方向上，思政课的教学方法和内容需要与时俱进，拓宽学生的国际视野，增强他们的跨文化理解和交流能力。在具体实施上，则要求教师把世界各国、各地区的历史、文化、社会现象以及各类社会问题引入课堂，作为教学内容和教学案例，让学生在深入研究和理解中国特色社会主义道路、中国特色社会主义理论体系、中国特色社会主义文化等方面的同时，关注和理解国际事务和世界文化。在具体的教学过程中，教师可以引导学生关注全球的热点问题和重大事件，通过讨论和分析，让学生从多元化的视角理解世界，并从中领悟中国特色社会主义的优越性。这种方法可以有效地提升学生分析问题和解决问题的能力，培养他们的国际视野和全球性思维。教师也可以引入各种国际性的艺术和文化作品，如世界文学、电影、音乐等，使学生在欣赏艺术的过程中，体验多元文化的魅力，理解不同文化背景下的价值观和世界观，进一步开阔视野，提升思维深度和广度。此外，为了提升学生的跨文化交流能力，教师可以设计一些与国际化相关的课堂活动，如模拟联合国会议、跨文化沙龙等，让学生在实践中提升跨文化交流的技能，增强他们的国际竞争力。

在全球化视野下，思政课教师需要培养学生具有全球视野的思维方式，引导他们从宏观的角度思考全球性的问题。如同其他科目一样，思政课也需要紧跟时代的发展，把全球化的内容引入课堂中。全球化已经深深地影响了人们的生活，包括经济生活、社会生活、文化生活等各个方面。在经济方面，全球化让世界各地的商品和服务更加丰富，但也带来了很多挑战，如环境问题、社会不平等问题等。在文化方面，全球化让人们能够接触世界各地的文化，但也引发了一些文化冲突和文化保护的问题。在这个背景下，教师需要引导学生理解全球化的多面性，理解全球化对于社会、经济、文化等各个方面的深远影响。例如，教师可以设计一些案例分析活动，引导学生分析全球化对一些具体问题的影响，如全球化对环境的影响、全球化对社会平等的影响等。教师还需要引导学生理解全球化的基本原则和运行机制，如全球化的动力、全球化的过程、全球化的影响等。这可以帮助学生深入理解全球化这一复杂的现象，提高他们的全球化素养。

在全球化的趋势下，跨文化元素在教学中的引入已经越来越普遍。在思政课教学中，引入全球各地的绘画作品、音乐、电影等跨文化元素，能使学生在享受各种艺术形式的魅力的同时，更好地理解和尊重不同文化背景下的价值观和世界观。绘画作品、音乐、电影等都是人类情感的普遍表达，可以跨越语言和文化的障碍。引入这些元素能帮助学生开阔视野，理解和欣赏来自不同文化背景的艺术作品，从而促进他们对多元文化的理解和接受。例如，教师可以选取一部反映某个国家或地区历史文化的电影，通过观看和分析电影，学生可以对该地区的历史、社会、文化等多个方面进行了解。在讨论过程中，教师可以引导学生深入探讨电影所揭示的社会问题，挖掘电影背后的历史文化内涵，这有助于学生理解和尊重不同的文化和价值观。又如，教师可以引入世界各地的音乐，让学生在欣赏和体验不同文化的音乐的同时，学习和理解这些音乐背后的文化和历史。通过音乐，学生可以感受到不同文化的情感表达和价值观，从而提高自身的跨文化理解和交流能力。

第四章　思政课教学叙事艺术的效果评估与反馈

第一节　思政课教学叙事艺术的效果评估

一、思政课教学叙事艺术效果评估的意义

思政课作为高校教育的重要组成部分，承担着培养学生思想道德素质和社会责任感的重要使命。在这门课程的教学中，采用恰当的叙事艺术，对激发学生的兴趣、增强教学效果具有重要的意义。教学叙事艺术的运用可以使抽象的思政理论更加具体生动，帮助学生理解和掌握其中的精髓。通过生动的故事、鲜活的人物形象，教师可以将理论与现实结合起来，引发学生的共鸣和思考，激发他们的学习热情。叙事艺术教学的巧妙运用能够打破传统教学的单一模式，提供多元化的教育资源，为学生提供更广阔的思维空间。效果评估则可以帮助教师更好地反思和改进教学方法。评估教学效果，如评估教学叙事的感染力、评估情感表达的准确性等方面，可以帮助教师了解自身教学的优势和不足，提高教学的针对性和质量。效果评估还能为教学改革提供重要的参考依据，推动

教学模式的创新和教育质量的提高。因此，思政课教学叙事艺术效果评估具有重要的意义。思政课教学叙事艺术效果评估的意义如图4-1所示。

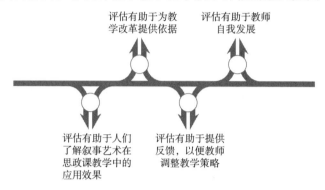

评估有助于为教学改革提供依据　评估有助于教师自我发展

评估有助于人们了解叙事艺术在思政课教学中的应用效果　评估有助于提供反馈，以便教师调整教学策略

图4-1　思政课教学叙事艺术效果评估的意义

（一）评估有助于人们了解叙事艺术在思政课教学中的应用效果

通过对学生学习成果的评估，可以了解叙事艺术的形式与方法是否能够提高学生的学习兴趣，是否能够增强他们的理解能力，以及是否能够提高他们的创新能力和批判思维。具体来看，其目的在于揭示叙事艺术教学策略的实际影响力。具体做法是：收集和分析学生的学习数据，如参与度、独立思考的频率、创新思维的应用、学习成果等，以此来衡量教学效果。首先，评估有助于教师判断叙事艺术能否激发学生的学习兴趣。兴趣是最好的老师，对于学生来说，他们对思政课的热情程度在很大程度上影响了他们的学习效果。通过评估，教师可以了解叙事艺术能否引起学生的兴趣，能否让学生全身心投入思政课学习中去。如果评估结果显示学生在叙事艺术的引导下对思政课产生了更强烈的学习兴趣，那么就说明这种教学方法是有效的，反之则无效。其次，评估可以帮助教师了解叙事艺术能否提高学生的理解能力。思政课的内容涵盖了社会、政治、经济、文化等多个领域，对学生的理解能力有着较高的要求。通过评估，教师可以了解学生在叙事艺术的引导下，对思政课内容的理解

程度，从而评估这种教学方法的效果。最后，评估可以帮助教师了解叙事艺术能否提高学生的创新能力和批判思维。在当今这个时代，创新能力和批判思维能力被广泛认为是必备的素质。在思政课的教学过程中，教师不仅要传授知识，更要培养学生的创新能力和批判思维。

总的来说，评估是教师了解叙事艺术在思政课教学中应用效果的重要手段，它可以帮助教师更准确地了解这种教学方法的实际效果，为教学改革提供重要的参考。

（二）评估有助于为教学改革提供依据

评估的价值不仅在于能够揭示教学方法的效果，而且还在于能够提供教学改革的依据。教学是一个动态的过程，需要不断调整和优化以适应学生的学习需要和社会的发展变化。通过对思政课教学叙事艺术效果的评估，教师可以获取到有价值的反馈信息，进而进行相应的调整和改进，让教学方法更加适应教学目标和学生的学习需要。

评估可以发现教学方法的不足和问题。每一种教学方法都有其优点和缺点，适用的情境和学生类型也不尽相同。通过评估，教师可以了解叙事艺术在实际教学中的应用效果，发现其中存在的问题，如学生的参与度不高，理解能力没有明显提高，创新思维和批判思维没有得到足够的锻炼等。这些问题都是教学改革需要关注的重点。

评估可以为教学改革提供指导。在评估结果的基础上，教师可以思考如何改进教学方法，使其更好地满足教学目标和学生的学习需要。例如，如果发现在使用叙事艺术开展教学的过程中，学生的参与度不高，那么则可以考虑如何调整教学策略，让学生更加主动地参与学习。如果发现学生的理解能力没有明显提高，那么则可以考虑如何优化教学内容，使其更加符合学生的认知水平和学习风格。

评估可以为教学改革提供证据。教学改革是一个复杂的过程，需要有充分的理论和实证依据。评估提供的数据和信息，可以作为教学改革的依据，使改革的方向更加明确，改革的步骤更加科学。

总的来说，评估是教学改革的重要依据，它可以帮助教师发现问题，指导改革，并为改革提供证据，从而让教学改革更加有效，更加符合学生的学习需要和社会的发展要求。

（三）评估有助于提供反馈，以便教师调整教学策略

评估可以提供关于教学方法效果的重要信息，是一个有效的反馈机制，能够帮助教师根据学生的需求和反应来调整教学策略。首先，评估提供了一种直接了解学生学习效果的手段。它能够揭示学生在学习过程中的理解程度、思考水平、情感态度等关键因素，使教师直观地了解每个学生的学习状态和进步情况，并据此推断学生对叙事艺术的接受程度，以及学生在学习过程中可能遇到的问题和困难。其次，评估提供的反馈可以帮助教师及时调整教学策略。基于评估结果，教师可以对教学方法进行调整，以更好地适应学生的学习需要，满足学生的学习兴趣。例如，如果评估显示学生在理解某些叙事内容时存在困难，那么教师就可以针对这个问题，采用更具体的例子、提供更详细的解释、引导学生进行小组讨论等策略来帮助学生提高理解能力。最后，评估能促使教师反思自己的教学方式和方法。通过对评估结果的深入分析，教师发现自己的某些教学习惯或策略并不适合所有的学生。这时，教师需要对自己的教学进行反思，寻找更有效的教学方法。

总之，评估是一种强有力的反馈工具，它不仅可以为教师提供宝贵的信息，还能帮助教师了解学生的学习状态，调整教学策略，提高教学效果。通过有效的评估，教师可以最大化发挥叙事艺术在思政课教学中的作用，实现教学目标，促进学生的全面发展。

（四）评估有助于教师自我发展

评估对教师个人的成长和专业发展也起到了重要作用。教师可以通过评估的反馈信息，对自己的教学实践进行深入的反思和改进。首先，评估可以提供一个关于教师教学效果的镜像。通过对学生的学习成果进行评估，教师能够了解自己的教学方法和策略是否有效，哪些地方做得好，哪些地方需要改进。这种自我反思的过程对教师的专业成长至关重要，它有助于教师提升自我认知，增强自我改进的动力，从而提高教学能力。其次，评估可以激发教师对新教学方法和策略的探索和研究。当教师发现传统的教学方法无法满足学生的学习需求时，他们会尝试新的教学方法，如叙事艺术，以提高教学效果。在这个过程中，教师不仅可以拓展自己的教学方法和策略，还可以深入理解和掌握新的教学理念和技巧，从而提高自己的专业素养。最后，评估可以增强教师的责任感和使命感。当教师看到自己的教学方法和策略对学生的学习产生了积极的影响时，他们会对教学工作产生更大的热情。而当评估结果不尽如人意时，教师则会更加坚定地寻找问题的根源，努力提高自己的教学水平，以更好地履行自己的教学职责。

二、思政课教学叙事艺术效果评估的模式

每种评估模式都有其优点和局限性，教师应根据教学目标和学生特点进行灵活选择和适当结合，以实现有效的教学效果评估。思政课教学叙事艺术效果评估的模式如图 4-2 所示。

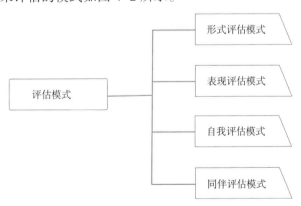

图 4-2 思政课教学叙事艺术效果评估的模式

（一）形式评估模式

形式评估模式因能够对学生的学习效果提出明确的量化反馈而被大

众所熟知和接受。这种评估模式包括期中和期末考试、课堂测验、学期论文、报告以及其他形式的标准化测试，它们提供了清晰、直接的指标来衡量学生的知识掌握程度和学习成绩。这种评估方式操作简单，容易实施，可以方便地比较和归纳学生的学习成果，从而让教师和家长清晰地了解学生的学习状况。

形式评估模式侧重于评估教学过程的组织形式、教学方法的运用以及教学活动的开展情况，注重对教学过程中叙事艺术应用的外部形态和结构进行考量，以此判断叙事艺术在思政课教学中的实际效果。在形式评估模式中，教师需要关注叙事内容的选择是否贴合课程目标，故事的叙述方式、语言表达是否生动有趣，以及叙事环节是否与教学内容和学生的认知水平相匹配。此外，教师还需评估叙事过程中师生互动的频率和质量，教师如何引导学生在叙事中思考、讨论和反馈，以及学生如何在叙事中积极参与，体现出学习的主动性和创造性。形式评估模式强调叙事艺术在思政课教学中实施的具体方式和效果的可观察性，即通过观察教学的外在形式来推断其内在质量。在评估过程中，教师可以通过课堂观察、教学日志、学生反馈、同行评议等多种手段收集信息，以全面了解叙事艺术的运用情况和效果。通过形式评估模式，教师可以及时发现教学中存在的问题，如叙事内容与学生实际需求的偏差、叙事方式的单一化以及师生互动的不足等，从而调整教学策略，优化叙事内容和方法，提高思政课教学的整体效果。

（二）表现评估模式

表现评估模式，又称为绩效评估模式或任务型评估模式，是一种强调实践性、综合性和过程性的评估方式。它强调学生在实际活动中的参与和表现，包括项目作业、小组合作、课堂讨论、口头报告、案例分析、角色扮演、模拟实验等各种形式的实践活动。这种评估方式对学生的知识、技能、态度以及价值观有更全面的考查，可以更好地反映学生在思政课教学中的学习效果。

在思政课教学叙事艺术效果评估中，表现评估模式致力全面、深入地分析和评价思政课教学叙事艺术在实践中的应用效果。该模式通过对教学过程中叙事艺术的应用情况、学生的学习体验、情感反应以及思想变化等方面进行综合评估，旨在探寻叙事艺术在思政课教学中的有效性和影响力。表现评估模式强调教学叙事艺术的实际效果，关注学生在叙事教学环境下的反应和变化。该模式认为，叙事艺术的成功应用体现在学生对理论知识的掌握上，更重要的是其对学生情感态度、价值观念的积极影响。因此，评估工作着重于学生参与度的提升、思想认同的增强以及批判性思维能力的发展等方面。在具体操作上，表现评估模式采用多元化的评估方法，如观察法、访谈法、问卷调查以及作品分析等，以获取关于教学过程和学习效果的全面信息。通过对这些信息的深入分析，教师能够揭示叙事艺术在思政课教学中的应用效果，包括学生的情感投入程度、对知识内容的理解深度以及批判性思维和创新能力的培养情况。评估还需注重对学生主观体验的分析，尤其要关注学生对叙事教学方式的感受、对叙事内容的情感共鸣以及通过叙事学习形成的思想观念和价值判断。此外，还需考虑教师的叙事技巧、叙事内容的选择和组织方式对教学效果的影响，从而为教师在思政课教学中更有效地运用叙事艺术提供指导和建议。

（三）自我评估模式

自我评估模式为教师提供了从自身出发，主动反思和审视教学实践的机会。自我评估模式侧重于教师对自己运用叙事艺术于思政课教学的过程和结果进行全面、深入的评价和反思，旨在通过自我观察、自我分析和自我调整，不断提高叙事教学的质量和效果。

在自我评估模式中，教师需对教学过程中的叙事选择、叙事方式、叙事内容以及叙事与学生互动的效果进行评估。这包括评估所选故事是否适宜、故事呈现的方式是否吸引学生、叙事是否有效促进了学生对思政课内容的理解和兴趣，以及叙事教学是否增强了学生的思想政治认同感等。通过自我评估，教师能够识别出叙事教学中的优势和不足，如在叙事过程中是否能够充分调动学生的情感参与，故事内容是否与学生的实际生活经验相联系，叙事方式是否多样化，以及叙事是否能够有效激发学生的思考和讨论等。基于这些自我评估的结果，教师可以对教学策略进行及时调整，如改进故事的选择和叙述方式，增加与学生互动的环节，以及丰富叙事内容，使其更加贴近学生的生活实际和心理需求。自我评估模式还强调教师的主体性和反思性，鼓励教师站在自我成长的角度，持续关注和提高自身的教学能力。这种模式不仅有利于提高叙事教学的质量，还有助于促进教师专业成长，增强教师对思政教育价值和教育实践的深刻理解。因此，自我评估模式在思政课教学叙事艺术效果评估中占据不可替代的重要地位，是提高教学质量和教育效果的关键途径。

（四）同伴评估模式

在众多评估模式中，同伴评估模式因其独特的互动性和实用性，成为一种重要的评估方式。同伴评估模式涉及教师与教师之间、学生与学生之间的相互评价。通过这种横向的互评机制，参与者能够从同伴那里获取反馈，进而促进教学方法和学习策略的改进。

在思政课教学叙事艺术效果的同伴评估中，教师间的评估主要聚焦于教学内容的设计、叙事技巧的运用以及教学方法的创新等方面。通过互相观摩授课、交流教学心得，教师能够从同行的建议中获得启发，发现自身教学的不足，从而提高叙事教学的有效性。这种评估方式鼓励教师之间的开放交流和合作学习，有助于形成积极向上的教学氛围，推动思政课教学质量的整体提高。学生间的同伴评估则更侧重于对教学内容的接受度、叙事情境的共鸣感以及思政教育目标的实现程度等方面。在评估过程中，学生通过分享个人的学习体验、情感感受和认识理解，不仅可以加深对思政课内容的理解，还能够增进彼此之间的交流和理解，促进班级内部的团结协作。同伴评估还能激发学生的自主学习和批判性思维能力，使学生在相互交流中提高问题分析和解决问题的能力。同伴评估模式的实施，需要建立在相互尊重和信任的基础上，确保评估过程的公正性和有效性。因此，必须对参与评估的教师和学生进行相应的培训，明确评估的标准和程序，确保评估的客观性和专业性。同时，应注重评估反馈的及时性和建设性，鼓励正面的批评和具有指导性的建议，避免负面情绪的产生，确保同伴评估能够达到预期的教育和学习效果。

三、思政课教学叙事艺术效果评估的路径

评估思政课教学叙事艺术的效果，需要建立综合评估模式，开展定期的教学反馈和反思，利用现代信息技术，强调学生的主体地位。通过这些方式，教师可以更准确、更全面地了解叙事艺术在思政课教学中的效果。思政课教学叙事艺术效果评估的路径如图 4-3 所示。

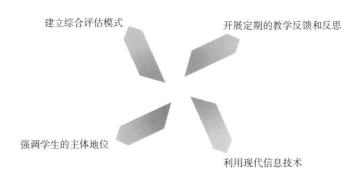

建立综合评估模式　　开展定期的教学反馈和反思

强调学生的主体地位　　利用现代信息技术

图 4-3　思政课教学叙事艺术效果评估的路径

（一）建立综合评估模式

评估叙事艺术的效果，不仅涉及学生对知识的掌握，还包括学生道德情感、思维能力与实践技能。因此，构建一个综合评估模式显得尤为必要。

综合评估模式着眼于学生的全面发展，超越了传统评估知识记忆的简单模式，更加注重对学生道德情感、批判性思维能力与解决问题能力的评价。在叙事艺术的教学过程中，学生通过与故事中的人物、情节、

冲突进行情感共鸣，能够加深对理论知识的理解，还能在情感层面上得到教育，培养出正确的价值观念和道德判断能力。因此，评估模式中应包含对学生在道德情感层面上的成长与变化的观察与分析。同时，叙事艺术教学鼓励学生主动思考、批判分析故事中的行为和决策，这种教学方法有助于提高学生的批判性思维能力。因而，在评估模式中，对学生思维能力的评估同样不可或缺。即通过观察学生在讨论、分析、解决问题过程中的表现，评价学生是否能够独立思考、批判分析问题。叙事艺术教学还涉及将理论知识应用到实践中去的能力，这要求学生不应仅停留在理论层面的学习，更要能够将所学知识应用于实际生活和社会实践之中。因此，评估模式中还应包括对学生实践技能的评价，观察学生将理论知识转化为实践行动的能力。为了确保评估的公正性和准确性，制定清晰具体的评估标准并给予各评估维度适当权重至关重要。评估标准需详细到位，能够量化学生在道德情感、思维能力和实践技能等方面的表现，同时根据不同维度的教学目标给予合理权重，确保评估结果的全面性和平衡性。在实施综合评估过程中，运用数字化评估工具和人工智能技术等现代化手段，可以有效地收集和分析学生的学习数据，为教师提供客观、全面的评估结果，同时能够为学生提供具体、针对性的学习反馈，帮助学生明确自己的优势和不足，促进其个性化学习和全面发展。

（二）开展定期的教学反馈和反思

通过系统的反馈机制，教师能够掌握学生对叙事教学法的接受度、对知识的理解程度以及学生在学习过程中遭遇的难题，进而有针对性地调整教学策略，优化课程内容，确保教学方法与学生需求相契合，提升教学效果。同时，这一过程也促使学生对自身的学习体验进行深入反思，有助于学生深化对课程内容的理解，提高学习效率。

教学反馈的收集可采取多样化方法，如调查问卷、面对面访谈、学习日志等。这些方法能够全面捕捉学生对叙事艺术在思政课中应用的感受和评价，为教师教学提供改进的依据。例如，调查问卷可以量化学生对特定叙事技巧的喜好程度，访谈和学习日志则能提供更深层次的个体学习体验和感受，帮助教师探索教学方法的优化空间。在此基础上，教师需进行专业的反思和学习。通过教学研讨、观摩同行教学或参与教师培训等方式，教师能够不断提高自身的叙事艺术运用能力和教学技巧，进一步优化教学设计，创造更加生动、有效的学习环境。这种持续的专业发展活动不仅提高了教师的教学质量，还激发了教师对教学创新的热情。学生的反思同样重要，它促使学生从参与者的角度审视和思考学习过程，加深对叙事艺术及其在思政教育中应用的理解。教师可以通过设置学习任务、鼓励写作反思日志或组织小组讨论等方式，引导学生进行有意义的反思，从而提高学生的主动学习能力和批判性思维能力。

（三）利用现代信息技术

在思政课教学中，叙事艺术的效果评估是提高教学质量和效果的重要环节。随着现代信息技术的发展，利用这些技术手段进行叙事艺术效果的评估，不仅可以提高评估的效率和准确性，还能为教学提供更为丰富的反馈和改进建议。现代信息技术包括大数据分析、人工智能、在线教学平台等，为思政课教学叙事艺术效果的评估提供了新的路径。

大数据分析技术可以对学生的学习行为、教学内容的互动情况以及学生的学习成果等进行全面的收集和分析。这些数据反映了叙事艺术在教学中的应用效果，如学生对教学内容的关注度、教学互动的频次以及学生的学习成绩等，为教师提供了量化的教学反馈。基于这些分析结果，教师可以了解叙事艺术在思政课教学中的实际效果，从而有针对性地调整教学策略，优化教学内容，提高教学的针对性和有效性。人工智能技术的应用，尤其是智能教学辅助系统，能够根据学生的学习情况提供个性化的学习建议和资源。在叙事艺术的教学过程中，通过智能分析学生的学习反馈和行为模式，教师可以更精准地掌握每个学生对叙事内容的理解程度和兴趣点，进而调整叙事教学的内容和方式，以更好地满足学生的学习需要。在线教学平台为思政课教学叙事艺术的效果评估提供了便捷的交流和反馈渠道。通过在线讨论、作业提交和即时反馈等功能，教师可以实时了解学生对叙事艺术教学内容的反应和理解情况。此外，平台上的教学分析工具能够自动追踪和分析学生的学习进度和效果，为教师提供及时的教学调整依据。

结合现代信息技术对思政课教学叙事艺术效果的评估，不仅增强了教学管理的科学性和精准性，而且使教师和学生之间建立了更为紧密的互动关系。通过技术手段的辅助，教师能够更好地理解学生的需求，优化教学方法，激发学生的学习兴趣，提高学生的参与度，最终提高思政课教学的整体质量和效果。因此，充分利用现代信息技术进行叙事艺术效果的评估，成为提高思政课教学质量的重要手段。

（四）强调学生的主体地位

强调学生的主体地位是评估思政课教学叙事艺术效果的关键路径。尊重学生的反馈和评价，让他们参与评估过程，是获取直接、真实反馈的重要方式。

首先，教师可以鼓励学生表达他们的学习感受和体验。对于叙事艺术在思政课教学中的应用，每个学生的体验都有所不同，他们的反馈可以帮助教师了解叙事教学方法在具体实施过程中的效果，为改进教学策略提供线索。因此，教师可以通过设立一些反馈渠道，如问卷调查、面对面交流、在线讨论平台等，使学生在不同的场合、以不同的方式，自由表达观点和建议。其次，教师可以鼓励学生进行自我评估和同伴评估，以培养他们的自我认知和评价能力。教师还需要重视对学生反馈的解读和应用，不仅要关注学生的评价结果，还要深入理解他们的评价内容，尤其是他们对教学效果的感受和建议。通过对学生反馈的深入解读和应用，教师可以更精准地了解叙事艺术在思政课教学中的效果，从而提高教学质量。最后，教师应强调学生的主体地位，这不仅有助于教师更准确地评估叙事艺术在思政课教学中的效果，而且有助于激发学生的学习动力，提升他们的学习成效。

第二节　思政课教学叙事艺术的效果反馈

一、思政课教学叙事艺术效果反馈的意义

叙事艺术的效果反馈对于思政课教学具有重要意义。教师应善于吸收反馈、总结反馈，并依据反馈不断提升思政课的教学效果，培养学生全面发展的良好品质。思政课教学叙事艺术效果反馈的意义如图4-4所示。

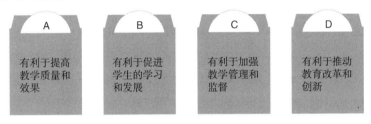

图 4-4　思政课教学叙事艺术效果反馈的意义

（一）有利于提高教学质量和效果

进行效果反馈的重要意义在于它为教师提供了了解学生理解和接受思政课教学情况的直观途径。通过反馈，教师可以及时了解学生对叙事艺术形式在思政课教学中应用的理解和感受。如果学生反馈表明他们无法理解或接受某些教学内容，那么教师就可以在教学中进行相应的调整，如更换教学策略、提供额外的辅助材料或者增加实践环节。此外，反馈可以使教师评估自己的教学效果。如果学生的反馈表明他们对教学内容的理解深入，并且能够将所学知识应用到实际问题中，那么教师就可以得出目前的教学方法和策略是有效的。相反，如果学生的反馈表明他们对教学内容的理解浅薄或者无法应用，那么教师就需要重新考虑教学方法和策略，以提高教学效果。反馈还可以帮助教师及时发现并解决教学

问题。例如，如果学生反馈表明他们在学习过程中遇到了困难，那么教师就可以根据这些反馈来提供帮助、解决问题，这样就能更好地促进学生的学习，提高教学效果。总之，通过积极有效的反馈，可以帮助教师更好地了解和调整教学，从而提高思政课教学的质量和效果。

（二）有利于促进学生的学习和发展

在学生学习的过程中，反馈起着至关重要的作用。学生的反馈可以帮助他们自己更好地理解学习过程，包括对教学内容、学习策略以及在学习过程中遇到的挑战的理解。通过教师的反馈，学生可以了解自己在理解和掌握思政课教学内容方面的优势和不足。这样，学生就可以在之后的学习过程中，针对自己的不足进行改进，如调整学习策略，提高学习效率。同时，对于他们在学习过程中做得好的地方，教师的积极反馈可以帮助他们建立自信，鼓励他们继续保持。

反馈还可以帮助学生了解自己的学习状态和学习需求。通过反馈，学生可以了解自己在学习过程中是否专注，是否对教学内容感兴趣，是否能够有效地吸收和理解新的知识。这样，他们就可以根据自己的学习状态和需求，调整学习计划和方法。反馈还可以为学生提供一个提升自我认知和自我效能感的机会。通过反馈，他们可以看到自己的进步，感受到自己的努力是有价值的，从而提高自我效能感，增强学习动力。及时和具有建设性的反馈也能激发学生对思政课的学习兴趣，提高他们的学习积极性。当学生看到自己通过努力可以达到学习目标，或者通过学习可以发现新的知识和技能时，他们就会更有动力去学习。因此，反馈不仅能帮助学生提高学习效果，而且还可以促进他们的个人发展，包括自我认知、自我效能感的提高，以及增强他们的学习兴趣和动力。

（三）有利于加强教学管理和监督

在教育管理中，反馈的价值不仅限于单一的教师与学生之间的互动。实际上，它还可以作为一种有力的管理和监督工具，帮助教师更好地理解和优化教学过程。反馈为教师提供了一种直接、实时的方式，了解和改进教学过程和学生学习的各个方面。

对教学效果的反馈可以让教育管理者了解教师的教学效果和教学质量。这种信息可以用于教师的绩效评估，以及确定哪些教师可能需要额外的支持或培训。此外，反馈还可以揭示教学策略和方法的效果，以便教育管理者制定更有效的教学政策和规划。

通过收集和分析学生的反馈，学校可以了解到学生在学习过程中遇到的问题和困难，以及他们对教学内容和教学方法的感受。这样，学校可以根据学生的反馈调整教学环境和提供更符合学生需求的学习资源，从而提高学生的学习效果和满意度。

反馈也可以作为一种监督工具，帮助教育管理者监督教学过程，确保教育质量和标准得到维持。通过反馈，教育管理者可以发现和纠正存在的教学问题，从而确保学生接受高质量的教育。

（四）有利于推动教育改革和创新

推动教育改革和创新是一个复杂而关键的任务，需要从多个角度进行深入的理解和探索。在这个过程中，教学效果反馈起着至关重要的作用，它可以帮助人们理解和评估新的教学方法和策略，如叙事艺术在思政课教学中的应用以及对学生学习效果的影响。

反馈可以提供有关新教学方法效果的实证数据，这是推动教育改革的关键。通过收集和分析反馈，人们可以了解新的教学方法和策略在实践中的表现，包括其优点、不足以及需要改进的地方。这样，教育者和决策者可以据此进行决策，进一步优化和改进这些教学方法和策略，以更好地服务学生和达成教育目标。反馈也可以激发创新思维。对于教师来说，反馈可以帮助他们理解学生的需求和期望，激励他们探索和尝试新的教学方法和策略。对于学生来说，反馈可以让他们了解自己的学习效果，从而鼓励他们积极参与学习，探索新的学习方式。反馈还可以推动教育政策的制定和改革。政策制定者可以通过分析教学反馈，了解新的教学方法和策略在实践中的效果，据此制定更符合实际需求、更有利于学生学习的教育政策。因此，教学效果反馈不仅能帮助人们理解和评估新的教学方法和策略，还能推动教育改革和创新，使教育系统更能满足社会和学生的发展需求。

二、思政课教学叙事艺术效果反馈的模式

思政课教学中的叙事艺术效果反馈是激发学生思考和参与的重要手段。通过叙事，将抽象的理论融入具体情境，可以提升学习效果；通过艺术效果反馈，以多媒体和表演形式呈现教学内容，可以激发学生情感共鸣。这些模式能够使思政课堂生动有趣，引发学生对人生意义和价值追求的思考，培养他们的审美能力和情感表达能力，促进他们全面发展。思政课教学叙事艺术效果反馈的模式如图 4-5 所示。

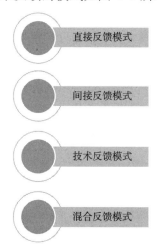

直接反馈模式

间接反馈模式

技术反馈模式

混合反馈模式

图 4-5　思政课教学叙事艺术效果反馈的模式

（一）直接反馈模式

直接反馈模式是一种重要的教学反馈机制，对于评估叙事艺术的教学效果、优化教学方法以及调整教学内容具有重要意义。直接反馈模式强调的是在叙事教学过程中及时收集学生的反馈信息，包括学生的理解程度、情感反应、思想变化等，以便教师直观了解叙事艺术在思政课教

学中的实际效果，进而根据学生的反馈调整教学策略和内容，更好地实现教学目标。

在叙事艺术的教学过程中，直接反馈模式通常通过课堂互动、学生提问、小组讨论、即时测验等多种方式实现。教师通过观察学生的课堂表现、分析学生的作业和测验结果、收集学生的口头或书面反馈，可以获得关于叙事教学效果的直接信息。这种反馈不仅包括学生对知识内容的掌握程度，还反映了学生对叙述故事的情感共鸣、价值认同以及思想觉醒的程度。运用直接反馈模式，教师能够及时发现教学中存在的问题，如叙事内容是否吸引学生、是否能够激发学生的思考、学生是否能够在情感上与叙事内容产生共鸣等。对于教师而言，这些直接反馈是其调整教学方法的重要依据。例如，如果发现学生对某个故事的情感共鸣不高，教师应考虑调整故事内容或增加更多与学生生活经验相关的元素，以提高学生的兴趣和参与度。直接反馈模式还促进了教师与学生之间的互动和沟通，加深了双方的理解和信任。通过直接反馈，教师能够更加准确地把握学生的学习需求和心理状态，学生也能够感受到教师对其学习进度的关注和支持，从而在思政课程学习中形成积极的学习态度和良好的师生互动氛围。

（二）间接反馈模式

思政课教学叙事艺术通过故事讲述的方式，增强了教学的吸引力和感染力，对学生的思政教育产生了积极影响。在这一过程中，教师通过间接反馈模式获得的教学反馈，对于评估叙事艺术的教学效果、调整教学策略具有重要意义。间接反馈包括问卷调查、学生日志、学习报告等方式，它们能够提供全面和多元的反馈信息，帮助教师深入了解学生对教学内容的理解、吸收情况。

问卷调查作为间接反馈的一种常用方式，能够量化学生的反馈信息，便于教师对教学效果进行统计分析。通过设计涵盖叙事艺术应用效果的相关问题，教师可以了解学生对叙事内容的兴趣、参与度以及叙事方式对其学习效果的影响，从而有针对性地调整叙事内容和方法，提高教学质量。学生日志则提供了一个更为个性化的反馈渠道。学生在日志中记录自己对叙事教学内容的感受、思考和反思，能够帮助教师把握学生对叙事教学内容的理解和接受程度，还能够促进学生的自我思考和深入学习。通过分析学生日志，教师可以发现教学中存在的问题，如叙事内容与学生实际需求之间的差距，或是叙事方法的不足，进而进行有针对性的教学改进。学习报告则是学生在学习一段时间后，对所学知识进行总结和反思的书面报告。通过学习报告，教师可以了解学生对叙事教学内容的掌握程度，还可以从中观察到学生批判性思维和创新能力的培养情况。学习报告反映的信息更为系统和深入，有助于教师从宏观上评估叙事艺术在思政课教学中的应用效果。

（三）技术反馈模式

技术反馈模式在思政课教学叙事艺术效果反馈中的应用，标志着现代信息技术与传统教育方法的深度融合，为提高教学效果、优化教学内容提供了新的途径。通过学习管理系统、在线问卷、数据分析等工具，教师能够实时收集和处理学生对叙事艺术运用效果的反馈，进而调整教学策略，满足学生的学习需求。

在叙事艺术的教学过程中，技术反馈模式能够提供量化和质化相结合的反馈信息。利用学习管理系统的讨论板、在线问卷调查和数据分析等软件，教师可以获得学生对叙事内容、叙事方式以及叙事效果的直接评价和感受。这些反馈涵盖了学生的学习成效，还包括学生对叙事艺术在思政课中应用的认同度、兴趣度以及情感共鸣等方面的深度反馈。通过对学生反馈的分析，教师能够了解叙事艺术在思政课教学中的吸引力、教育效果以及存在的问题。例如，数据分析可以显示大部分学生对某个叙事案例表现出高度兴趣，但对于理论知识的理解仍然存在困难。这样的反馈能促使教师调整叙事内容，使之更加贴合理论知识的教学目标，或者改进叙事方法，增加与理论知识结合的强度。技术反馈模式还支持教师进行个性化教学设计。根据学生的反馈，教师可以识别不同学生群体的学习需求和偏好，从而为不同的学生提供更加符合其兴趣和学习状态的叙事教学内容。这种个性化的教学方法提高了学生的学习动力，增强了思政课教学的针对性和有效性。技术反馈模式对于教师自我提升也具有重要意义。通过对学生反馈的持续跟踪和分析，教师能够及时发现自身教学中的不足，如叙事技巧的运用不娴熟、教学内容的安排不合理等，从而在实践中不断提高自己的叙事艺术运用能力和教学水平。

（四）混合反馈模式

混合反馈模式是一种综合使用直接反馈、间接反馈和技术反馈模式的方法。在现代教学环境中，这种模式被广泛接受和使用，因为它可以充分利用各种反馈模式的优点，弥补各自的缺点，以最大限度地提高反馈的全面性和有效性。

在混合反馈模式中，教师应根据教学的需要和具体情况，灵活选择和使用不同的反馈方式。例如，在课堂教学中，教师可以通过直接交流和观察，及时获取学生对教学内容的反馈；在课堂之外，教师可以通过在线问卷、学生日志等方式，获取更深入、更全面的反馈信息；教师还可以通过学习管理系统、数据分析等技术手段，对反馈信息进行更高效、更精准的处理和分析。

通过混合反馈模式，教师可以更全面、更准确地了解学生对思政课教学叙事艺术效果的反馈，从而更好地调整教学策略，提高教学效果。同时，这种模式可以提供更丰富、更多样化的反馈信息，有助于教师深化对教学效果的理解，丰富教学方法，推动教育改革和创新。

三、思政课教学叙事艺术效果反馈的路径

在当今高校教育中，思政课的教学叙事艺术效果反馈具有重要意义。思政课教学叙事艺术效果反馈需要遵循特定的路径，以为教师提供有益的指导与启示。

（一）教学过程中的实时反馈

在思政课的教学过程中，实时反馈起着关键的作用。在授课过程中，教师可以通过提问、小测验、小组讨论等形式获取学生对教学内容的理解和接受程度，以及他们的学习兴趣和动力。这些信息可以作为教师调整教学方式和策略的重要依据。例如，如果在课堂上，学生在理解某个概念上出现困难，教师可以及时调整教学策略，采用更生动、形象的叙事艺术手法来讲解，使学生更好地理解和接收。教师还可以根据学生的学习反馈，发现他们的学习兴趣，进一步开展深入的教学活动，激发学生们的学习动力。

实时反馈还可以帮助教师了解学生的学习态度和行为，进一步调整和优化课堂氛围和教学策略。例如，教师可以通过实时反馈了解学生对课程的态度，如积极参与度、专注学习程度等，从而采取相应措施，如调整教学节奏，增加互动环节，提高学生的参与度和学习效果。实时反馈还可以帮助教师及时了解和反思自己的教学行为，以便更好地提高自己的教学能力。例如，教师可以通过观察学生的反应，反思自己的教学方式是否恰当，教学语言是否清晰，教学节奏是否适中等，从而及时调整和优化自己的教学行为。

（二）学习成果的反馈

学习成果的反馈对于优化教学策略和提升思政课教学效果有着不可替代的作用。这种反馈方式涉及对学生的作业、课堂表现、课程项目、考试等方面进行全面评价。通过这种方式，教师可以更深入地了解学生对课程内容的理解程度，发现学生在学习过程中存在的困难和问题，从而有针对性地进行教学调整和优化。

具体来说，通过对学生作业的评估，教师可以了解学生对课程概念的理解程度和应用能力，了解他们的学习进度和对知识的掌握程度。例如，如果学生在完成作业时显示出对某个主题的理解不足，教师就可以在下一次课堂上重点讲解，或者设计相关的补充教学活动，以帮助学生弥补这一知识点的不足。通过对课堂表现的观察，教师可以了解学生的参与程度、合作能力以及问题解决能力等，进一步了解学生的学习态度和能力。例如，如果某个学生在小组讨论中表现活跃，那么教师就可以鼓励这个学生更多地参与课堂活动，发挥他的潜力。对课程项目的评估则可以让教师了解学生对整个课程内容的掌握情况和综合能力。通过这种方式，教师可以针对学生的学习情况进行个性化的指导和帮助。通过对考试的评估，教师可以全面了解学生对课程知识的掌握情况，评估他们的理解、记忆、应用等各种学习能力。如果考试成绩显示出学生在某个领域的知识掌握不足，那么教师就可以进行有针对性的补充教学，以提高学生的学习效果。

（三）教学评价的反馈

教学评价的反馈是获取学生对教学体验评价的重要路径。教师可以通过设计和发放教学评价问卷，邀请学生对教学内容、教学方式、教学策略等方面进行评价，了解他们的学习体验和教学满意度。此外，教师还可以通过举办教学反馈交流会，邀请学生面对面提供反馈，进行更深入的交流。

具体来说，教学评价问卷是一种常用的收集学生反馈的工具。教师可以在问卷中设计一系列关于课程的问题，如"你对教师的教学方式满意吗""教学内容有无帮助你理解和掌握课程知识"等，让学生对教学的各个方面进行评价。通过分析问卷的结果，教师可以获取学生对教学的整体满意度，以及他们对教学内容、教学方式、教学策略等各个方面的看法，从而找出教学中的问题和不足，对教学进行改进。

教学反馈交流会则是一种更直接的反馈方式。在反馈交流会上，教师可以邀请学生分享他们的学习体验，提出对教学的建议和意见。通过与学生的面对面交流，教师可以更深入地理解学生的需求和期望，更准确地把握他们的学习状况，从而进行更有效的教学调整，使教学更加符合学生的需求和期望。

（四）技术支持的反馈

技术支持的反馈是现代教学中非常重要的反馈路径。它主要是利用现代信息技术，如学习管理系统、在线问卷、数据分析等，来收集和处理学生的反馈信息。这种方式的特点是高效、准确，能够处理大量的数据，为教学决策提供有力的数据支持。

1．学习管理系统

学习管理系统是近年来在教育领域广泛应用的一种互联网教学平台。它将教育资源、教学活动和教学管理整合在一起，能够提供一种一站式的、全方位的教学支持。特别是在对学生的学习过程进行管理和跟踪方面，学习观察系统具有显著的优势。一方面，学习管理系统能够帮助教师掌握学生的学习进度。在这个平台上，教师可以发布课程计划，设定学习任务和目标，然后通过系统监控学生的学习进度。另一方面，学习管理系统可以跟踪记录学生的学习行为，如浏览课件、参与讨论、提交作业等。通过分析这些行为数据，教师可以了解学生的学习习惯，发现学生的学习问题，如哪些内容学生理解困难，哪些任务学生完成得不理想等。然后，教师可以根据这些反馈信息，调整教学策略，提供个性化的教学支持。

2．在线问卷

在线问卷是一种高效、方便且全面的反馈工具，它可以帮助教师快速而准确地收集学生的反馈信息。在线问卷的设计灵活多变，教师可以根据教学需要设置多种类型的问题，如选择题、判断题、填空题、问答题等。这些问题可以涵盖教学内容、教学方法、教学环境、教学效果等各个方面，帮助教师全面了解学生的学习情况和教学反馈。在线问卷的收集和处理非常方便。通过电子邮件、社交媒体等方式，教师可以快速地将问卷发送给学生，并在短时间内进行回收。在线问卷系统还可以自动进行数据汇总和分析，这不仅减少了教师的工作量，还提高了工作效率。在线问卷可以保证反馈的匿名性，从而让学生更真实、更直接地表达他们的观点和感受。这样，教师就能更深入地了解学生的真实反馈，更精确地找到教学中的问题和改进的方向。通过定期进行在线问卷调查，教师可以持续跟踪和了解学生的学习变化和发展趋势，为教学改进和创新提供有力的数据支持。

3.数据分析

数据分析是反馈过程中的重要步骤。通过对收集的数据进行分析，教师可以从中发现规律，找出问题，制定改进措施。例如，如果分析发现大部分学生在某个知识点上的掌握程度较低，教师就可以针对这个问题进行教学调整，如增加讲解时间、提供更多实例等。

第五章 思政课叙事艺术教学实施过程

在高校思政课中，叙事艺术的运用尤为重要。通过故事来阐述理论知识，可以有效地将抽象的概念具体化，使学生更深刻地理解和吸收。叙事艺术形式多种多样，包括小说、影视、绘画、社会杂文等，而故事是连接这些艺术形式的桥梁。在教学过程中，教师可以选择与课程内容相关的故事作为切入点，通过情节的发展和人物的互动，展现理论知识的应用场景，从而帮助学生在知识与现实之间建立起联系，提升学生的思想，促进学生成长。

第一节 备故事

叙事艺术教学之所以重视故事的选择与准备，是因为故事本身承载着教育的重要功能。在思政理论课中，通过生动的故事，能够进一步加深学生对理论知识的理解，有效促进其情感、态度与价值观的形成和发展。故事在叙事艺术教学中的选取，需依托高校学生的现实生活经验。这样的故事与学生的生活实际具有一定的联系，更容易引起学生的共鸣，具有较高的实用价值。故事的选择并非随意，而是要求教师在充分理解学生实际需求的基础上，从大量生活实例中筛选出能够深刻反映生命记忆与创造的故事。教师在准备故事的过程中，除了要挖掘故事素材之外，还需对故事进行再创造，以确保故事内容与思想政治理论教学的需求相匹配。这种再创造不是简单的重述，而是在保持故事原有精神实质的同时，融入必要的理论元素，使故事本身成为理论知识的生动体现。

一、发现与收集故事素材

故事是一种古老且普遍的传播方式，其在思政课中的运用，不仅能有效地传达教学内容和价值观念，还可以提高学生的学习兴趣。叙事艺术教学要求教师具备敏锐的观察力和广博的知识背景。在日常生活中，教师应善于从寻常细节中提炼故事素材，如从文学作品、历史事件或现实生活中的普通人物事迹中发掘具有启示意义的故事。这些故事素材往往涵盖了丰富的人文精神和社会价值，能够为思政课的教学提供丰富而具体的实例。除此之外，叙事艺术教学还不能仅局限于采用传统教育中的典型故事，如孔融让梨、雷锋同志背大嫂等，而应更多地关注和整合新的故事素材。这种新的故事素材，能够更好地与当代学生的生活经验和价值观念相契合，从而提高教学的实效性和互动性。

（一）神话传说、寓言和民间故事等传说故事

在人类历史的长河中，自然界与人类社会的互动逐渐孕育出丰富的神话传说、寓言和民间故事。这些故事反映了古人对自然界的敬畏、依赖与改造，体现了人类在不同发展阶段的智慧与创造力。神话传说往往源于对自然现象的解释与想象，而寓言和民间故事则是通过虚构的情节，寓教于乐，传递深刻的人生哲理和道德观念。通过叙事艺术教学，教师可以有效地将这些包含深厚人生哲理和智慧的故事传授给新一代，使之了解人类与自然的复杂关系以及自身文化的根基。

在人类早期社会中，对自然现象的理解和解释能力较为有限，这导致人们无法科学地解释诸如海啸、洪水等自然灾害。因此，自然灾害往

往被赋予神话色彩，演变成各种鬼神故事和传说。例如，妈祖的传说就是与海啸和海难紧密相关，反映了早期社会人们对恐怖自然现象的人格化解释和心理寄托的需要。神话、寓言和民间故事作为文化传承的重要形式，在很大程度上体现了早期人类社会成员对自然界的敬畏以及对未知的探索。例如，大禹治水的故事，描述的是通过人的努力控制自然灾害的壮举，反映出古人对洪水灾害的恐惧及对治理自然的渴望。精卫填海和女娲补天等神话故事，同样表达了人类面对自然灾害时的无助感及改变恶劣自然环境的强烈愿望。这些故事虽源于自然现象的非科学解释，但它们的流传和演化，为后世提供了丰富的文化遗产和精神象征。它们不只是对自然的人格化理解，更是对社会规范和道德观念的强化。

神话传说、寓言和民间故事是理解不同民族心理和思维方式的重要途径。这些故事反映了古人对美好生活的追求，表达了对自然的敬畏以及对未知的探索。在这些叙述中，古人对自然界的错误理解和科学知识的缺乏，往往以富有想象的方式得以体现，同时反映出他们在与自然互动中积累的经验和智慧。神话传说、寓言和民间故事也常常作为一种反映古人心理和思维方式的重要文化形式存在，它们折射出古人对美好生活的追求和向往，而且表达了古人对自然界的敬畏以及因缺乏对自然界深刻理解而产生的种种误解。这些故事作为人类与自然交往历史的一部分，记录了认知自然、改造自然过程中形成的各种生活原则和行为规范，也传递了与自然和谐相处的深刻哲理。在历史的演进中，这些传统故事逐渐成为教学资源中的珍贵元素，通过对这些故事的挖掘与分析，教师能够有效地培养学生的环保意识和对自然的尊重。例如，在关于"生态文明建设"的教学中，通过分析神话故事中的自然观念和人类行为模式，可以帮助学生理解人类与自然和谐共生的必要性，从而使学生进一步强化生态文明的理念。这种叙事艺术教学法进一步增强了课程的趣味性和教育的互动性，深化了学生对环境保护重要性的认识。通过故事中的具体事例，学生能够明白自然并非取之不尽的资源，相反，是需要人类共同努力保护和珍惜的宝贵财富。

（二）历史故事

中华民族拥有悠久的文化和丰富的精神文明成果，其中蕴含的历史故事反映了先辈的智慧与经验，体现了各个时代的文化特色和社会理念。叙事艺术教学应注重故事素材的发掘与收集，尤其是那些能够体现民族精神和时代价值的历史故事。例如，六尺巷的故事映射出宽容的美德；俞伯牙与钟子期的友情，展现了深厚的人际关系和对美好情感的追求；商鞅立木为信和曾子杀猪的故事，则是诚信的生动体现。这些故事富有教育意义，能够激发学生的情感共鸣，增强思政教育的感染力。除了古代故事，革命历史中的英雄事迹同样是叙事艺术教学中的宝贵资源。革命先烈坚定的共产主义信仰、无畏的牺牲精神以及英雄气概，是培养学生坚定理想信念、增强爱国主义情感的重要教育手段。通过讲述这些故事，教师能够引导学生深刻理解和领会革命传统与精神的现实意义。通过精心选择和讲述这些故事，教师可以帮助学生建立正确的世界观、人生观和价值观，促进学生对社会主义核心价值观的内化与实践。这种教学方法为思政教育提供了更加广阔的空间和更加丰富的内涵，使其更加符合当代高校学生的思想特点和心理需求。

（三）生命故事等真实的人生故事

生命故事，以个体的生活经验与经历作为核心内容，展现了个人成长与转变的过程。教师可以深挖当前社会光辉事迹及校园内外感人故事，如感动中国十大人物、全国道德模范等，并通过讲述这些真实的生命故事，展示普通大众的生活与奋斗。这些事迹通常源自普通大众，展现了行为的可模仿性和思想的可达性，使之成为实用而高效的教学资源。故事的同时代性让叙述与听众产生共鸣，进而激发受众的行为模仿和思想认同。例如，在探讨大学生作为知识分子对建设中国特色社会主义的贡献时，可以引入大学生创业的案例或海南鹦哥岭大学生的生命故事。这类故事不仅可以激励学生积极面对挑战，还为学生整合个人生活经验、确立未来生活目标提供了具体而生动的参考框架。叙事艺术教学依托真实故事的传递力，能够有效地将理论知识与实际经验结合起来，通过具体事例展现理想与现实的契合，进一步强化教育的实效性与感染力。通过故事中人物的行为表现和思想进程，受教者得以从中观察、学习并吸取精华，使学习过程不仅限于知识的传授，更拓展至品德的培养和价值观的塑造。

二、以教师视角形成独特的体验和理解

"外行看热闹，内行看门道。"[①] 教师需依托丰富的教育理论基础，深入解析故事结构及其教育意义，从而帮助学生形成批判性思维与独立见解。此种教学方式既可以增强课程的吸引力，还能够促进理论与实践的有效结合，为学生提供理解复杂社会现象的新视角。通过这样的教学实践，叙事艺术不再只是故事讲述，而是一种深刻的思政教育工具。

（一）发挥想象

通过身临其境地感受和理解故事中的情境，教师能够深入文本的内部结构，从而捕捉到那些非显而易见的深层含义。当教师阅读故事素材时，他们既是在获取信息，也是在与文本进行一种情感上的交流，通过这种交流，故事的主人公及其经历变得栩栩如生。教师通过道德想象的运用，不仅能体验到故事中人物的直接感受，更能把握那些由不同行为所引发的连锁反应。这种深入的理解使教师能够将故事中的教训和情感转化为教学中的生动案例。每个故事元素的再现不是简单的复述，而是一种有着教育目的的再创造，旨在引发学生的共鸣，激发他们的思考。教师作为故事解读者和再创作者，在教育实践中承担了桥梁的角色。他们通过自身的理解和体验，将文本中蕴含的道德和情感价值转达给学生。通过这种方式，学生在学习知识的同时，能够通过教师的解读体验到文

---

① 白维国.现代汉语句典[M].北京：中国大百科全书出版社，2001：1499.

本情境下的复杂人性和道德选择。通过不断进入和深入文本，教师与故事之间的互动增强，故事的教育价值逐渐显现。这种互动丰富了教师的教学方法，也使教师能在教学过程中创造性地调整和重构故事元素，以适应教学目标和学生的需求。

（二）通过反思促进故事与教学内容的结合

教师在将故事融入教学内容时需进行深入反思。通过对故事的想象与感知，教师能观察自身的行为与故事主人公的行为是否达到了相似的高尚境界，探究如何实现个人的精神提升。同时，教师应分析故事中反面人物的思想和行为背后的原因，以及这些思想行为与当前大学生的可能相似之处。教师需识别哪些情节变化与教学内容紧密相关，以及确定如何才能通过这些情节帮助学生实现思想上的转变。通过反思和联系，故事在教学中的价值得以凸显。教师利用叙事艺术不仅讲述知识，更通过故事引发学生对人物行为的思考，促使学生在感情与理智上与故事产生共鸣，进而深化对教学内容的理解与应用。叙事教学在思政课中能够有效地引导学生批判性地分析与思考，促进其内心世界的深层次变革。故事与教学内容的有效结合，不只是对知识的简单传递，而是一个包含情感共鸣、理论反思与实际应用的复合过程。教师通过故事传达的深远意义，引导学生在学习过程中形成对社会现象的多角度理解，从而实现知识与现实生活的有机结合，提升学生的综合素质。

例如，通过阅读关于朝鲜战争、珍宝岛战役、万隆会议以及乒乓外交等事件的详细描述，教师能够将这些故事与《毛泽东思想和中国特色社会主义理论体系概论》中的"中国特色社会主义外交和国际战略"的教学内容紧密联系起来，帮助学生掌握复杂的外交历史，深化对国际关系动态的理解。朝鲜战争和珍宝岛战役，反映了20世纪中叶中苏、中美关系的紧张局势。教师通过讲述这些事件，可以展现中国在国际舞台上的立场与策略变化，还能揭示冷战时期全球权力结构的动态。万隆会议标志着中国与亚非国家团结合作意向的初步达成，通过其故事，学生可以了解到和平共处五项原则的起源及其在当今世界的意义。进入 20 世纪 70 年代，随着中美关系的逐步缓和，乒乓外交成为转折点的佳例。通过这一事件，教师能够向学生展示即使在长期对抗的背景下，体育和文化交流仍能成为国家间建立友好关系的重要渠道。这种故事讲述不仅是历史回顾，更是外交策略灵活运用的生动案例展现。将这些具体历史事件和故事融入教学，既丰富了课堂内容，又促进了学生对国际政治历史的深入了解。通过故事的力量，复杂的外交政策和国际战略变得生动而容易理解，从而使学生在理解全球历史进程中受益匪浅。

（三）善于把故事和生活体悟结合起来

尽管历史与神话故事以及真实的生命故事根植于过去，但其内涵与现实生活紧密相连。教师通过将故事内容与生活体悟相结合的方式，可以使教学内容更加生动而有意义。

在解读历史故事时，通过剥去岁月的痕迹，重新审视那些久远的事件，教师不仅能够再现历史的真实，更能通过与当代社会的联系，揭示历史的现实意义。通过这样的教学方法，学生能够在理解历史事件的同时，对现实世界产生深刻的反思和理解。[①]神话故事的教学同样不应只停留在表面的叙述，而应深挖其内涵与现实世界的关联。这些故事虽然源于幻想，却反映了人类的基本情感和道德观念，是理解人性和社会行为的重要窗口。对这些故事的现代解读，能够激发学生对社会现象和个人行为的深层次思考。真实的生命故事则提供了学习和自我提升的直接范例。将这些故事与学生自身的经历和挑战相对比，可以帮助他们找到个人成长的方向和潜在的提升空间。

尤其是对于历史故事的解读与认识，教师可采用历史分析法的方式深挖历史故事的内涵。历史事件并不只是关于人物、时间、地点与事件本身的简单叙述，而是一扇观察社会文化变迁的窗口。每个历史人物的

---

① 潘莉，孙玉红. 叙事说理的过程叙事 [J]. 河北科技师范学院学报（社会科学版），2011，10（1）：7-10.

思想和行为，都深植于其所处的时代背景与个人经历之中。在思政理论课教学中，通过将历史人物的选择与行为代入其时代环境，学生可以更全面地理解这些历史行为的深层意义。教师应借用叙事技巧，将干燥的历史事实转化为生动的故事。通过故事化的表达，学生既可以学到历史知识，又能够感受到历史事件的情感色彩，从而更加深刻地理解事件背后的历史逻辑。这还能促使学生在历史与现实之间建立联系，对比自己的生活环境与历史环境，进而引发对当前社会问题的思考。

三、根据教学目标进行加工、整理和再创造

故事在思政课中的应用需体现其时代性与教育性。传统故事虽富含历史色彩，但在现代教育场景中需经过精心的筛选与改编，以契合教学目标及学生的实际需求。教师应深入分析故事背景，提炼其中蕴含的思想精华，进而通过艺术再创造的方式，使其更加符合当代学生的思想特征和心理接受方式。教师需在保持故事原有魅力的基础上，对其进行创新性的再加工，通过情节上的调整或人物性格的深化，增强故事的教育功能。通过这种方式，提升故事的感染力，以便更好地引发学生的情感共鸣和思考，从而达到理论与实践相结合的教学效果。

（一）故事内容的扩充或细化

在教学过程中，故事内容的再创造应紧密结合课程目标。在针对"道德与法律基础教育"的教学中，教师可以通过构建与课程目标紧密相关的虚构故事，引导学生深入理解法律原理与道德价值的交汇点。例如，教师可以设定一个故事情境，如"一个年轻人在公交车上无意中推倒了一位老人，导致老人受伤"。在此情境中，老人要求年轻人承担医疗费用，而年轻人则面临是否应承担责任的道德与法律的两难选择。故事的再创造不单单是为了讲述一个事件的发生和发展，更重要的是挖掘事件背后的多维度信息，让学生从多角度分析事件。在这个故事中，教师可以引入不同的角色观点，如年轻人的法律顾问、伤者的家属、旁观者等，

每个角色都可以提供不同的视角,丰富学生的思考角度。例如,法律顾问可能会从法律责任的角度分析年轻人的行为,而伤者家属则可能更关注道德责任和情感影响。通过这种多角度的故事再创造,教师能够有效地引导学生探讨道德与法律的关系,增强学生的批判性思维能力。学生既可以学习到具体的法律知识,如伤害赔偿的法律规定,又能够在道德层面上评估年轻人的行为是否合理。此外,这种故事讨论也有助于学生形成关于社会正义和法治重要性的更全面的理解。需要注意的是,故事的再创造应避免简化或扭曲事实,而应基于准确和全面的信息构建情境,以免误导学生形成对社会公正的不利观点。

(二)故事长度的整理加工

在整合故事素材时,教师面临的主要挑战是如何在保留故事原貌和真实性的基础上,使其与教学目标相契合。故事的整理与加工应侧重于核心教育意义的提炼,确保其在教学中的有效传递。教师需通过筛选关键情节,去除冗余内容,达到教学时间的高效利用。例如,可将复杂的人物背景简化为关键性格特征,事件叙述则聚焦于转折点,强化故事的教育功能。对话和细节的精简也是必要的,它们应当直接支持主题的展开。通过这种方式,教师能够使故事在有限的时间内发挥最大化的教育效果,同时增强叙事的艺术感,使教学内容更加生动和吸引人。

以"小岗村改革故事"[①]为例,该村从包产到户至集体模式的变革,凝聚了中国农村改革开放的丰富经验与深刻启示。在教学中,如果故事太长会影响信息的有效传达。因此,选择故事片段要具有策略性,如探讨改革开放初期农村的探索,可精选"秘密会议""星火燎原"等关键节点。这些部分展现了小岗村在政策束缚中的突破与创新,反映出改革的必要性与紧迫性。通过删减与重构,故事的教育与理论价值得到更为集中和突出的展现,使学生能够快速把握核心思想,从而在实际教学中实

---

① 王碧薇.改革先锋:小岗村"大包干"带头人[J].党建,2022(4):70.

现理论与实践的有效结合。如果是讲述新农村建设的相关内容，教师则需将焦点聚集于"向明星村学习""重回集体""去掉光环"等关键部分，通过这些故事片段展示改革的持续性和深远影响。在具体的教学过程中，叙述"秘密会议"的故事成为关键。通过细致的情境描写，如描述农户们在紧张气氛中吸烟的情形，以及大家按下红手印时那种悲壮的心情，能有效帮助学生深入体验那一时刻的紧迫感与决断的重要性。这种方法并不只是叙事的简单再现，而是通过情感与细节的加工，让学生感受到人物的心理状态，从而使其更全面地理解小岗村居民在农村改革探索中所展现的勇气和决心。

第二节　叙故事

叙事艺术教学的核心在于通过叙述和故事的结合，实现教学目标。故事本身作为内容的承载体，涉及情节构造、人物塑造及背景设定，而叙述则为这些内容的展现方式提供了方法和手段。有效的叙事艺术教学，需要教师在教学过程中恰当选择叙事主体，以确保教学内容与学生的认知水平和兴趣相匹配。叙事空间的设置关乎故事发生的环境和背景，直接影响学生的情感投入和认知深度。叙事视角的转换能够丰富教学手段，教师在叙事时通过不同角色视角的切换，能够使学生从多个角度理解和分析问题，有效提升学生的思考能力和情感体验。确保叙述要点的准确性和突出性是实现教学目标的关键。教师需通过精确掌握叙述节奏和重点，指导学生抓住教学内容的核心，避免信息的冗余和偏离。

一、恰当选择叙事主体

在叙事艺术教学中，选择恰当的叙事主体尤为重要。根据叙事理论，叙事主体在叙述中担任"陈述行为主体"的角色，即故事的"声音或讲话者"。叙述者可以采用第一人称形式，直接参与故事情节，从个人视角分享事件，展现内心世界与情感变化。同样，叙述者亦能以第三者的身份，从更宏观的角度，客观地讲述他人故事，这种方式有助于全面呈现事件背景与各个人物的关系。在叙事艺术教学的实际应用中，教师与学生都可以扮演叙述者的角色，甚至可以引入来自社会的多种声音，如专家或其他相关人士，即社会他者，以丰富教学内容和视角。通过多元化的叙事主体的陈述，叙事艺术教学有效增强了教学的吸引力，促进了学生对知识的深层理解，引起了情感共鸣。因此，教师在选择叙事主体时，应考虑故事内容与教学目标的契合度，确保叙事方式有效支撑教学理念与学生的学习需求。

（一）思政课教师：重要的叙事主体

在思政课中，教师是叙事的核心主体，具有不可替代的作用。通过叙述与日常生活密切相关的教育故事，或是广为人知的神话、传说、寓言，教师能够有效提升课堂的吸引力与教育效果。在思政理论课中进行叙事艺术教学时，教师需确保故事内容的真实性与可感性，这对教学成果的影响尤为重要。

真实性要求故事内容应与现实生活紧密相连，遵循生活逻辑，在介绍榜样人物或历史事件时，故事的描述必须客观真实，避免对人物或事件进行过度美化或夸大。教师在选用神话传说或寓言故事时，应选取那些具有可查证性的经典材料，以确保叙述的权威性与传播的广泛性。可感性则强调教师在叙述时应选取与学生生活环境紧密相关的故事，以及注重情节的吸引力。教师通过精心设计故事情节，可以增强学生的情感共鸣，从而提高教育的针对性和实效性。情节性的优化可以激发学生的学习兴趣，还能够在无形中加深学生对理论知识的理解与记忆。如果教师过分强调故事的思想内涵，而忽视了故事情节的连贯性和趣味性，可能会导致教学变得枯燥乏味。因此，在思政理论课叙事艺术教学中，教师需要找到理论与故事之间的平衡点，既要有足够的教育深度，又要保持故事的生动性和情节的流畅性。

（二）高校学生：思政课叙事教学的重要叙述者

将大学生置于叙事的中心，使其成为故事的主要叙述者，有助于深化其对理论知识的掌握和运用。由学生主导的叙事，可以有效提升其表达和交流能力，增强教学内容的吸引力和感染力。学生通过讲述与自身或同伴相关的生活实例，能够将理论知识与个人经历结合起来，从而使故事更加生动具体。

在叙事艺术教学中，同辈群体的故事可以对学生产生深远的影响。学生共同生活和学习的环境为其提供了丰富的故事素材，通过叙述同龄人的生活经验和思想变化，学生更容易在情感上产生共鸣，从而更加积极地接受和理解理论知识。叙事艺术教学法有效地将教育内容与学生的日常生活联系在一起，使学习过程更加符合学生的生活经验和认知需求。通过故事，复杂的思想政治理论变得易于理解和接受，学生对这些理论的理解也更加深刻和持久。而且，叙事过程本身就是一种动态的互动，它鼓励学生积极参与学习，通过对话和讨论，形成对知识的深层次理解。因此，教师在应用叙事艺术开展思政理论课教学时，应关注教学活动的设计，确保教学目标与叙事内容的一致性，叙事的主题应紧密联系学生的实际经验，以增强学习的相关性和实用性。

（三）社会他者：思政课叙事艺术教学的叙述者

社会模范、党政干部、普通民众等作为社会生活的实际经历者与见证者，他们的故事具有难以替代的真实性和感染力。这类人群处于传统的教学环境之外，他们的视角与故事，能够为学生提供更广阔的理解视野。

将社会他者纳入课堂讲授，可采用多种方式。例如，影音资料的引入，以其声音和画面的同步呈现，符合现代人接收信息的习惯，增加了教学的直观性和生动性。学生能够通过视听材料，更加全面和深入地理解课程内容，从而在感性认知与理性认知之间建立起更加稳固的联系。又如，在探讨中国特色社会主义共同理想的确立过程中，可以利用《正道沧桑——社会主义五百年》这一类的视频资料，通过展示莫尔（Thomas More）、康帕内拉（Tommaso Campanella）等历史人物的视角，为学生呈现社会主义的理论发展与实践进程。社会他者的叙事不应局限于过去的历史人物。当前活跃在社会各个领域的党政干部和普通民众，他们对现实的见解和经验同样重要。通过他们的故事，学生能够直接触摸理论与现实的结合点，从而更深刻地理解和体会理论的现实意义。

二、合理设置叙事空间

在叙事艺术教学中，故事空间与话语空间的合理设置尤为关键。自1945 年美国文学批评家约瑟夫·弗兰克（Joseph Frank）首次提出"小说空间形式"概念以来，关于空间形式的讨论便持续展开。弗兰克在1963 年的详细阐述中，再次强调了空间形式的重要性，为叙事学提供了新的视角。[1]1978 年，美国电影与文学批评家西摩·查特曼（Seymour Chatman）在《故事与话语》一书中引入了"故事空间"与"话语空间"两个划时代的概念，深化了对叙事空间的理解。故事空间关注的是故事中事件发生的具体场所或地点，这一空间为事件提供了发生的背景，也影响着故事的进展与人物的行为。相对地，话语空间则关注叙述本身所发生的环境，包括叙述者的角度和叙述的方式。这两种空间的设计和运用，是叙事艺术教学中的重要组成部分。在叙事艺术教学中，对这两种空间的理解和应用能够显著提升教学的效果与学生的理解。通过对故事

---

[1] 申丹，王丽亚.西方叙事学：经典与后经典[M].北京：北京大学出版社，2010：128-129.

空间的深入分析，学生能够更好地理解事件背后的文化和环境因素，而对话语空间的把握则有助于学生认识到叙述者的视角和叙述技巧的重要性。因此，教师在设计课程和教学活动时，应充分考虑这两种空间的特点和作用，以促进学生对故事的全面理解。

（一）注重对故事空间的分析

在叙述故事时，故事发生的时代背景与具体环境是不可或缺的元素，它们共同构建了故事的叙事空间，该空间又分为大空间与小空间两个层面。

大空间通常涵盖了宏观的社会时代背景，为故事中的人物行为提供了广阔的舞台和社会历史条件，直接影响人物行为的动机和选择，从而决定人物的命运走向。通过精确地描述大空间，听者可以在更大的历史文化背景中评价和理解人物的行为，洞察人物性格的形成及其行为的必然性。小空间则关注人物日常活动的具体场所，如家庭、工作环境或其他私人场所，这些场所直接制约着人物的具体行动和人际关系。小空间的详细描绘有助于听者更深入地理解人物的日常生活和个人处境，观察人物如何在具体的社会环境中做出反应并适应环境。故事中的冲突往往在小空间中显现，通过对这些冲突的展开，可以进一步揭示人物的性格和变化。在思政理论课叙事教学中，教师应注重从大空间和小空间两个维度对故事的时代背景和具体情境进行详尽叙述，促使学生更加准确地理解故事内容，便于学生在更宽广的视角下审视人物的行为和故事的发展。教师通过对大空间和小空间的充分运用和教学，可以有效提升学生的历史意识、空间感知能力及文学鉴赏力，促进学生对文本深层次的理解和思考。

在思政教育中，叙事空间的设置对于学生的理解与接受程度至关重要。以雷锋精神为例，讲授雷锋个人事迹，如其修补破旧袜子和选择饮用自来水而非汽水的行为，能够体现其勤俭节约的精神。然而，如果忽视其生活时代背景的阐述，便难以使学生深刻理解雷锋行为背后的丰富文化与历史内涵。雷锋的时代背景，即 20 世纪 60 年代初的中国，是一个国民经济与社会发展面临极大困境的时期。集体主义价值观在此时备受推崇，社会思想观念较为单纯，人们的利益需求显得高度一致。在此环境下，雷锋的行为不单单是个人品德的体现，也是时代精神的具体表现。通过对这一时代背景的详细叙述，学生能够更全面地理解雷锋"心里永远装着别人，唯独没有他自己"这一核心理念的深刻含义，从而对雷锋精神产生更深的共鸣。将雷锋精神与当代相关实例结合起来，如引用"感动中国十大人物"以及高校学生周边的正面事例，可以有效地将历史中的雷锋精神与当下学生的生活环境结合起来。这种叙事策略有助于使雷锋精神得以在新的时代背景下传承，也为学生提供了更具体、更贴近生活的道德榜样。通过这种方式，雷锋精神不再是一个遥远的历史记忆，而是转化为一种活生生的、能够在当代社会中找到体现的价值观。故事的叙述应着重于如何通过详细的时代背景介绍与当下生活实际进行结合，引导学生深入理解并接受所传达的价值观。雷锋精神的教学是关于个人品质的传授，更是一种社会责任感与集体利益优先的价值观教育。通过合理设置叙事空间，教师能够有效地激发学生的情感共鸣，增强教育内容的吸引力与影响力，从而在不知不觉中实现教育目标。

（二）多样化叙述话语空间

叙事教学的核心在于如何有效地将故事内容与学生的感知体验结合起来，从而达到教育的目的。传统的课堂教学模式多依赖于单一的视听传达方式，常常局限于教室这一物理空间。但是，仅通过视觉与听觉的单向传递，学生所接收到的信息往往片面且记忆不深刻。为了克服这一局限，教师应考虑如何通过多样化的叙述话语空间，即不同的物理及虚拟环境，增强故事的传达效果。这包括采用移动课堂、多媒体技术以及虚拟现实技术等手段。通过这些多元化的方法，故事叙述不再仅囿于传统的教室环境，而是能够将学生带入一个更为丰富和真实的学习情境中。

移动课堂通过直接将教学场景安置于故事发生地，极大地丰富了学习体验，提升了教学效果。例如，在《毛泽东思想和中国特色社会主义理论体系概论》中，探讨中国特色社会主义的"五位一体"总布局时，生态文明建设作为课程的焦点与难点，尤其需要深入剖析。实地教学模式不仅可以帮助学生直观地理解生态文明的重要性，还有助于学生观察与体验环保实践在当地的应用。实地课堂能直接呈现环保政策的实际效果，通过参观生态建设区或环保生态村，学生能直接观察和学习如何区分可回收与不可回收垃圾，如何处理废旧电池等具体问题。这种教学模式通过让学生亲身体验和观察，有效地激发了学生的环保意识，引导他们形成正确的环保行为。现场学习也为学生提供了与环保专家和当地居民交流的机会，从而可以使学生更深入地了解生态文明建设的挑战与成果。这种互动促进了理论与实践的结合，增强了学生对生态文明理论的理解和认同。通过在具体的生态建设场所进行教学，学生既可以获得书本知识，也能够收获实际操作的经验。这样的教学不仅确保了理论知识与实践应用的有效结合，而且提升了教学的整体质量和学生的学习效果。

利用多媒体技术和虚拟现实技术构建虚拟叙事空间，则为叙事话语空间的增进与优化提供了有效途径。在思政课中，关于探讨革命精神作为中国精神文化建设的重要组成部分的教学，需要教师寻找新的教学方法，以促进大学生对这些精神传统的接受、内化与发扬。由于当代学生及教师多数未经历过战争，传统的教学模式，即单纯的讲授，往往难以有效描绘战争的真实场景与残酷性。而利用多媒体和虚拟现实技术，教师可以创建模拟的战争场景，如通过侵华日军南京大屠杀遇难同胞纪念馆和渡江战役纪念馆的虚拟现实体验，学生不仅能从视觉上感受到战场的环境，还能通过幻影成像和蓝幕抠像技术制作的纪录片《八百将士忆渡江》更全面地了解历史事件。此外，千余件珍贵的革命文物及半景画馆中反映的渡江场景，以及超写真的 4D 电影，均能深化学生对战争艰难困苦的感受和对当时人民爱国情怀的理解。通过这些技术手段，学生在聆听战争故事的同时，能够利用多种感官体验历史，从而更深刻地领会和感悟崇高的革命精神。

三、妥当转换叙述视角

叙述视角是理解故事多维空间的关键。利用不同的叙述者视角，同一事件可以展现出多重含义并产生多种影响，故事的呈现与解读便显得尤为丰富。叙述者通过特定的视角来观察和叙述事件，可以深刻洞察事件的本质并进行多样化的解释，从而丰富文本的内涵与读者的解读体验。

叙述视角通常基于人称、叙述者的认知能力及其与故事的关系来分类。人称视角主要分为第一人称和第三人称，前者由故事中的角色直接叙述，后者则通过外部叙述者呈现。认知能力方面，全知视角和限知视角存在一定的区别，全知叙述者通晓所有事件和人物心理，而限知叙述者只了解部分信息。而在《西方叙事学：经典与后经典》一书中，申丹和王丽亚提出了更为细致的九种叙述视角，这九种叙述视角又分为两大类，即外视角与内视角。

外视角包含五种，分别为全知视角、选择性全知视角、戏剧式或摄像式视角、第一人称主人公叙述中的回顾性视角、第一人称叙述中见证人的旁观视角。其中，全知视角允许叙述者洞察任何角色的内心活动，并能从多个角度审视事件，展现出极高的叙事自由度。选择性全知视角则限定叙述者的观察范围，通常聚焦于一位主要人物的心理状态，这种视角增加了叙事的集中性和深度。戏剧式或摄像式视角则更注重于故事的外部观察，类似于观众在剧院中的观看经验或摄像机的记录方式，强调客观性和现场感。第一人称主人公叙述中的回顾性视角和第一人称叙述中见证人的旁观视角则体现了第一人称叙述的复杂性，前者通过叙述者的当前视角回顾过去，后者则通过一个旁观者角色来叙述，常见于见证了事件但并非主要行动者的角色。

内视角包含四种，分别为固定式人物有限视角、变换式人物有限视角、多重式人物有限视角、第一人称叙述中的体验视角。其中，固定式人物有限视角（又称为固定式内视角或固定式内聚焦）主要限定于单一人物的视角，反映其局限性的感知和认知。变换式人物有限视角（又称为变换式内视角或变换式内聚焦）允许叙述者在不同人物间转换视角，展现更为丰富的情感和思维维度。多重式人物有限视角（又称为多重式内视角或多重式内聚焦）则通过数个人物的视角来多角度反映事件，这增加了叙述的层次性和复杂性。第一人称叙述中的体验视角则特别关注叙述者自身的直接体验，借助回忆的方式，使叙述具有更深的沉浸感和真实感。[①]

　　根据不同的故事和教学目的，教师可以采用第一人称或第三人称叙述视角。第一人称视角常使叙述带有一定的主观色彩，教师的个人认识和情感态度可能通过语言的细微差别表现出来，从而影响学生对故事的理解和价值判断。这种视角虽有介入性，但也能加强学生对故事情境的情感共鸣，提高教学的吸引力。相比之下，第三人称视角则更便于构建客观、非介入式的叙述环境。这种视角有助于塑造故事的真实性和可信度，使学生在较为中立的情况下审视故事内容及故事所蕴含的价值观念。第三人称视角也有助于维持教学的权威性和学术性，为学生提供一个更为广阔的观察窗口，从而促使学生从多角度分析和评价故事中的情节和人物行为。全知视角则为叙事教学提供了一种全面且深入的叙述方式。教师作为全知叙述者，能够跨越时空界限，洞察人物内心，切换不同场景和视点，这种能力使故事的每个细节都能被细致呈现，同时教师的价值观念和意识形态也能通过话语选择和故事走向潜移默化地传递给学生。然而，全知视角可能会因其无所不知的特性让学生感受到价值观的灌输，因此在使用时需谨慎，并适时与其他叙述视角进行搭配，避免过度的引导作用。

---

① 申丹，王丽亚.西方叙事学：经典与后经典[M].北京：北京大学出版社，2010：94-97.

针对思政理论课中关于中国特色社会主义政治部分涉及的官员的反腐倡廉的内容，可以采用叙事教学的方式。而从不同的视角进行廉洁故事的叙述，所产生的效果也是不一样的，以杨震为官清廉的故事为例，具体如下。

【视角一：第一人称体验视角】

近日，我被委任为一地太守，面对即将肩负的公职责任，深感重大。在前往任职地的路上，旧日的门生王密来访，与我重逢甚是欢喜。夜谈之间，王密取出黄金十斤，意欲以此表达对我昔日教诲的感激。然而，心中不由得升起一股忧虑：金钱交易在此种背景下进行，其本质与意图如何界定？当王密言及此金无他意，仅为私下感谢时，我深感这般做法与我所倡导的公正清廉的价值观背道而驰。教育之初，便是希望学生能以正直为行事准则，将其才能回馈于社会与民众。因此，我坚决拒绝了王密的金礼，并借此教育他：官员应保持清正廉洁，任何形式的私下利益交换都是对职责的亵渎。王密对此感到羞愧，最终悻悻而去。

【视角二：选择性全知视角】

在古时，杨震担任太守前往任地途中，路过王密治理的县城。王密，杨震久未谋面的学生，抓住机会来拜访他的老师杨震，二人倾谈至深夜。期间，王密出于对师恩的感激以及希望获得更多提携，小心翼翼地献上十斤黄金。面对学生的赠礼，杨震指出应将这份心意用于服务朝廷与百姓。王密担心老师误解其意图为行贿，急忙解释道这只是对师恩的回报，且深夜无人得知。杨震听后愤怒地反驳说："天知、地知、你知、我知，怎能说无人知晓？"王密感到极度羞愧，黯然离开。

【视角三：摄像式外视角】

在深夜的旅馆客房内，两名男子正坐对面交谈。其中年轻的男子从衣服内抽出一包黄金，递给对面稍显年长的男子。年长的男子面带严肃地反驳道："这份心意应当用来报答朝廷和百姓。"年轻男子急忙解释道："现在正值深夜，周围并无旁人知晓，还请您收下这份黄金。"然而，年长男子听后更为愤怒，严厉地回应："天知、地知、你我俱知，怎能说无人知晓？"听到这番话，年轻男子顿时羞愧难当，随后沮丧地离开了房间。

【视角四：全知视角】

在东汉末期，政治腐败和官员贪腐已成常态。然而，在这样的时代背景下，杨震这位"关西孔子"却显得格外清廉，成为罕见的清流。在被任命为太守的途中，杨震遇到了他曾经的学生王密，现为县令。王密因久别重逢，与杨震谈话至深夜，试图以十斤黄金表达对师长的敬意和感激，声称这只是对教诲的感谢，无其他用意。对此，杨震坚决回绝，认为王密应将这份心意用于服务国家和民众。而王密则辩解称，因为是深夜，没有外人知晓，老师应当接受这份礼物。杨震非常愤怒，强调即便无人目睹，天地良心却明明白白，如何说无人知晓呢？王密听后羞愧难当，无地自容，只得灰溜溜地离开。这一事件凸显了即使在无人见证的情况下，自律仍很重要，只有这种自我约束的力量，才能真正根治贪腐问题。

第一人称体验视角因其直接性与紧密性，在展示人物内心动态方面具有独特优势。通过第一人称体验视角，读者能够直接进入叙述者的内心世界，从而对人物的情感、想法和动机有更深入的理解。例如，通过杨震的内心独白，其清正磊落的品格及其对教育质量的忧虑得以生动展示，从而更加凸显了教师对学生品德的影响与期望。

选择性全知视角则在构建复杂的人物关系和推动多线索情节发展中显示出广阔的视野和深远的洞察力。选择性全知视角虽然让叙述者了解所有情节和人物心理，但在情感传达上可能不及第一人称视角直接与强烈。该视角通过对王密内心活动的描述，展示了其孝心与私心的冲突，以及最终因未能明确界定孝道与贿赂而导致的失败。此视角能够提供更为广泛的故事视野和深层次的人物分析，但在直接激发读者情感共鸣方面可能稍显不足。

摄像式外视角通过其客观的镜头语言，使听者仿佛置身于电视剧现场，为其呈现了一种近乎真实的观察体验。该视角以旁观者的角度切入，将听者与故事情节之间建立了一道看似透明却难以逾越的屏障，使故事的展开仿佛无须作者的直接干预。然而，此种叙述方式也自带局限，仅限于镜头所及之处，对于镜头之外的故事背景与人物心理细节均无法深入揭示，从而使听者需动用丰富的想象力来填补这些空白，进而参与到故事的构建中。

全知叙述方式则呈现了一种对故事的全面掌控的情境，叙述者不仅清楚每一个细节，还了解故事的发展背景与各个角色的未来走向。这种叙述形式能够向听者传达清晰的教育信息与道德观念，有效地指导听者理解并吸收故事主题。尽管如此，全知叙述的全面性有时候也可能转变为一种道德的训诫，让故事失去一定的探索空间，使听者在接受故事时可能感受到某种程度的被动。

不同的叙述视角拥有不同的特性与效果，因此教师在选择叙述视角时应根据故事内容而定，以增强叙述的吸引力与深度。例如，第一人称视角能够增强读者的代入感，而第三人称全知视角则提供了更广阔的视野和深入的背景描述。变换视角能有效地结合多种视角的优点，减少单一视角可能带来的局限性。故事叙述过程中的视角变换不仅可以丰富叙述层次，而且有助于维持读者的兴趣与好奇心。因此，在长篇故事叙述中，灵活运用多种视角，能够有效地提升故事的整体表现力与感染力。

四、准确突出叙事要点

"要点"概括了讲话或文章的核心内容，同时是构成故事吸引力的关键元素。叙事的精髓在于深挖其背后的深层意义并引发听者的思考。因此，故事要素的选择与展现应聚焦于那些不寻常或重要的情节，从而使故事更具有深刻的思想价值。好的叙事往往是围绕核心要点构建的，通过精心设计的情节来揭示深层次的主题与问题。缺乏明确要点的叙事很难抓住听者的注意力，因此在构建故事时，筛选与强调那些能够有效引起情感共鸣与思考的元素至关重要。

（一）对重要细节进行详述

在叙事教学中，细节的精准描述是关键所在。故事的吸引力往往源于其能够触及听者心灵的细微之处。通过故事细节的深入展开，学生能更加真切地感受到故事情境，从而引发思考和感悟。细节的描述则是为了故事情节的推进，以及为了深化学生对故事背后意义的理解。

故事的主线虽然能够概括性地传达事件的轮廓，但真正的情感共鸣和思想启迪却依赖那些细枝末节的描绘。例如，在描述小岗村的故事时，会场内烟雾弥漫、村民的谨慎与密谋等细节，就极大地增强了故事的情境感和紧迫感，使学生能够更加身临其境地感受到那个时代的重大变革压力。因此，在叙事时，细节的选择需精心考虑，不能简单地堆砌信息，而应注重那些与学生的思想行为密切相关且具有教育意义的细节，避免信息的过载。选择具有象征意义的细节，如烟雾的弥漫象征着当时的混乱与未知，可以加深学生对改革背景的感受。此外，故事细节的叙述还应注重情感的引导与价值的传递，通过细节展示角色的决策过程、内心的挣扎以及情感的变化，可以让学生在感情上与角色产生共鸣，增强记忆的持久性，提升教学效果。

（二）激发学生深度探究故事的动机和欲望

高校思政课叙事艺术教学的目的并非简单地娱乐或活跃课堂气氛，而是深化学生对理论与社会现象的理解和探究。在叙事过程中，教师应避免直接阐释理论，而应采用一种渐进式的揭示方法，类似于剥洋葱的过程。在这种教学策略中，悬念和冲突成为引发学生内心好奇和探索欲望的重要工具。故事中的不明确性和多层次性可以使学生产生一系列疑问，如"然后呢""果真如此吗""为什么会这样"，这些问题促使他们自发地挖掘故事背后的深层寓意。通过自主探索，学生既可以接触故事表层之下的理论内核，还能够通过自己的努力揭示这些理论的实际意义。

当学生在故事探究过程中逐步解开思想理论的层层面纱，他们对所学知识的理解将更加深刻，记忆也将更加持久。这种深度的思考和探究提高了学生的理论水平，也有助于提升他们的思想政治素质。

（三）针对不同叙述对象选定叙事要点

在叙事过程中，叙述者需要根据不同受众的需求，精准挑选凸显故事意义的关键要点。在教学环境中，尤其是大班课堂中，学生背景的多样性要求教师在讲述时展现出高度的灵活性和敏感性。不同学科专业的学生可能对同一信息的兴趣和理解程度各异，性别也可能影响学生对某些议题的关注度和解读方式。因此，教师在传达知识时，需构建一个多层次的故事语境，以便每位学生都能从中提取对其有意义的信息。在叙述要点的选择上，教师应考虑信息的适切性和关联性。适切性层次的建立，使信息的接收者可以根据个人需求和兴趣组合或者重构故事内容。例如，对于法律专业的学生，强调法规的形成和实施过程可能更具吸引力；而对于经济学专业的学生，他们则可能对政策如何影响经济的分析更感兴趣。这种细致入微的叙述策略，可以确保信息的有效传达，同时激发学生的学习兴趣和参与度。故事叙述的灵活性还表现在如何通过不同的叙事维度突出信息，这主要涉及故事的内容选择，以及教师如何调整语言表达和教学方法，以适应不同学生的接受方式。这种方法的运用，可以促进学生对知识的深层理解和批判性思维的培养。

第三节　解故事

故事在思政理论课中的运用，展现了叙事艺术教学的重要价值。通过故事，教师能够有效地传递深刻的思想内容，使学生在生动的情境中理解和掌握理论知识。教学故事的设计，不单单是简单的事实重现，而且是对现实生活的深度整合与艺术延伸，目的是让故事背后的思想和道德得到充分体现。故事的多维叙述线索为教学提供了丰富的视角和思考空间。通过故事的情节发展、人物性格和冲突解决，学生能够从多角度、多层次进行思考，从而对故事中展示的理论内容有更深刻的认识。故事往往包含未明说的例外和细微差别，这些内容的发掘，需要学生主动思考和探索，从而培养其批判性思维和创新能力。叙事教学的一个核心任务是引导学生从故事中学习到处理现实道德情境的策略。通过对比故事中的选择与结果，学生可以学习到如何在复杂的现实情境中做出道德和理性判断。同时，故事的叙述也鼓励学生从不同时间和视角出发，对同一故事进行不同的解读，这种解读的多样性使学生能够理解到多元价值的重要性。

一、领悟故事意义

叙事教学的核心并非仅在于故事的讲述，而在于将抽象且复杂的道理嵌入生活化的故事中，使之变得生动而引人入胜。通过这一方式，学生能够在故事的引导下，洞察人生智慧与道德价值，进而触及真善美的层面，促进个人修养与理论水平的双重提升。在这种教学形式中，所选故事常聚焦生活的矛盾与冲突，直面生活的真实性，故事内容反映生活实际，更蕴含深远的哲学思考。在此过程中，教师的讲述与理论教学法中的直接论证不同，其更多的是通过叙事引导学生进入深层次的思考与自我反省。学生对故事的解读、反思与内心的感悟是理解故事寓意的关键。因此，教师在使用叙事教学法时应注意故事的选择与构建，确保其既能引起学生的兴趣，又能深入人心，引发学生对生活和人性的深刻理解。

（一）信息传递

故事作为文化传播的媒介，有效地通过其情节结构传递与日常生活息息相关的道德教诲。例如，教师通过讲述不同的故事，可以向学生灌输爱国、诚信等社会主义核心价值观。故事中常见的善恶报应的主题，强调行善的重要性以及避免作恶的必要性，如"勿以恶小而为之，勿以善小而不为"。通过这样的叙述，故事既可以娱乐听众，又能够启发听众反思和倡导正面的行为。

（二）内涵感悟

故事是讲述事件的手段，也是深化认知和情感体验的桥梁。学生在阅读故事时，借助"想象"这一心理活动，仿佛亲身经历了故事中的各种情境，从而获得深刻的感悟。故事的力量在于，它能够带领学生超越有限的个人经历，触及更广泛的生活场景，从而促进个人的成长。在故事的带动下，学生能够与故事中的人物一同经历生活的起伏，如在快乐时感受奋斗的价值，在成功时共享得来不易的喜悦，在面对不公时共鸣愤慨的情绪。通过故事中的这些情感体验，学生的主观经历得以丰富。同时，故事通过引发学生的移情和共鸣，激发了其内心深处的情感顿悟。这种顿悟可能源于故事的启发，也可能源于对故事警示的反思，或是在面对类似情境时能力的提升。故事的这种影响力，让学生从故事的接受者转变为情感与思想的创造者。因此，故事在思政课叙事艺术教学中既是知识的传递工具，也是情感共鸣和个性成长的促进器。通过与故事中人物的共情，学生能够体验并理解超越个人生活经历的情感与挑战，从而在思想和情感上获得成长。这种通过故事达到的认知和情感发展，是思政理论课教育过程中不可或缺的一环。

（三）反思提升

通过具体案例的讲述，学生能够直观地感受到理论的生动性和实用性。故事主人公的行为展示了理论知识与实际行为之间的关联，为学生提供了理想的行为模式。

从感悟到反思，学生在思政课中通过故事学习，能够对主人公的行为产生共鸣。例如，通过学习雷锋的故事，学生可能会受到激励，模仿其无私帮助他人的行为。然而，这种模仿往往是基于情感的共鸣，并不能长期持续，除非学生通过深入的反思，理解行为背后的深层意义。教师在使用故事教学法时，应注重引导学生进行深度反思，通过引发讨论，激发学生对故事深层次道德和理念的探讨，促使他们从理性的角度审视自己的行为和动机。例如，面对自己帮助他人而不获回报的情况，学生应思考其帮助行为的真正动机是否是为了获得相应的回报。这种深度的思考有助于学生理解真正的无私与高尚不应依赖于他人的回应。教师还应通过案例分析，使学生了解到人的道德发展是一个循序渐进的过程；通过对故事主人公行为的多角度解析，使学生认识到思想的升华与道德的培养是通过不断的实践、反思与修正达成的。这一过程是对已有道德规范的模仿，更是内在的自我提升和自我超越。

二、多角度分析故事

事件的发现助力人们认识叙事主体之外的现实与生活，而多角度的分析使故事线索丰富多样，促进故事的多层次解读。通过对原有故事和衍生故事的探索，学生能够实现对故事背后思想理论的立体认知。不同的观察角度会揭示故事不同的面貌，带来不同的评价与感悟。这些多样化的理解和感悟，犹如开放的花朵，尽管每个花瓣独具特色，却共同构成了对故事的全面认识。在思政理论课叙事教学中，教师通过引导学生从多个角度探索和分析同一故事，能够拓宽学生的思维视野，深化学生对社会现实和人生价值的理解。这种教学方式强调对故事的深入分析与批判性思考，通过教学过程中的讨论与反思，帮助学生形成批判与反思的能力。在思政理论课的叙事教学中，学生对故事的解读需采取多维度的分析方法。故事要从叙述者自身的视角进行思考，还应涵盖故事内各个角色的视角，以及作为"局外人"的观点，甚至是社会客观要求的视角。这种多角度的解析有助于学生对故事内容的全面和准确理解。

例如，教师在针对思政理论课中关于道德品质的养成及发展的相关内容的教学时，便可以借助"海因茨偷药"的故事，通过从药剂师、海因茨、法律制度、社会伦理等多个角度进行审视，帮助学生深入理解道德决策的复杂性，学生也可以探讨在不同情境下个体行为与社会规范之间的关系，从而对道德品质的养成及发展有更深刻的认识。第一，药剂师作为药物的研发者，研发成果属于其个人的私有财产。根据法律的规定，私有财产应受到保护，因此海因茨未经允许取用药物侵犯了药剂师的财产权，依法应受到处罚。药剂师拥有对其成果的定价权和销售权，即便这可能导致无法满足紧急救助的需求。第二，在婚姻责任的视角下，海因茨的行为则显得情有可原。在伴侣生命垂危时，采取措施以挽救其生命是夫妻间互相扶持的体现。如果法律与人的基本生命权发生冲突，应考虑人性和道德的层面，此时，违法行为可能被视为一种无奈而必要的选择。第三，社会秩序的维护依赖于法律的遵守。如果个体行为总是以自身判断为准则，可能会导致法律权威的削弱和社会秩序的混乱。然而，社会的道德评价也非常重要，药剂师虽然拥有药物的所有权，但在面对他人生命危险时仍坚持高价，这种行为可能遭到社会的道德谴责。在紧急救命的情形下，社会普遍期待人的生命权高于财产权。伦理原则提出，正确的行为应为普遍原则提供依据。如果法律不能维护基本的人权，如生命权，人们可能会在特定情况下偏离法律。在这种情况下，不将财产权让位于生命权的法律是不公正的，药剂师没有采取救治行动，是对道德法则的违背。综上所述，海因茨的偷药行为虽然违法，但在其动机和目的是救治妻子的情况下，情有可原。在未能与药剂师达成协议的情况下，他的行为虽然违反了法律，但却是出于维护生命的高尚目的。在处理此类案件时，法庭可以考虑减轻其处罚。同时，如果海因茨被判入狱，政府应对其家庭成员给予必要的支持和照顾。此案例反映出法律、伦理和社会责任之间的复杂关系，也提示社会对法律与道德间矛盾的调解需进行深入考虑。

第四节　重构故事

重构故事并不只是重新叙述，而是通过加入新的元素，赋予故事新的意义和功能。通过这种方式，故事变成了反映学生内心活动的一面镜子，同时是他们价值感悟的表达。这样的教学过程不单纯追求知识的传授，而是着重培养学生的价值判断能力和人生观。故事重构使学生能够在处理复杂情境时发挥主动性和创造性，这在思政课程中尤为重要。通过故事重构，学生可以从多角度理解和评价事件，从而形成更全面的世界观。重构后的故事往往更贴近学生的实际经验，这使他们能够在故事中看到自己的影子，从而更加深刻地理解故事背后的道德和价值观念。

一、故事空间更加贴近现实

无论是关于宏观社会背景，还是关于微观个体经历，故事的情节和环境均应考虑学生的生活实际和成长背景。每个时代的文学作品都深受其时代背景和作者个人经历的影响，因此，在思政课教学中应用这些故事时，需要对其进行适当的改编和更新，以符合当代学生的认知和感受。故事重构不仅是简单的情节移植，更是一种深层次的文化适应和教学策略的调整。通过故事重构，教师能够为学生构建一个更为直观和具体的学习环境，其中包含了与学生现实生活密切相关的元素。这种方法有助于学生更好地理解和吸收课程内容，同时能激发学生对社会现象和历史事件的思考。故事重构还需注意保持故事原有的文学价值和教育意义，确保改编过程中不丢失原作的精髓。教师应根据学生的具体需求，选择适合的故事材料，并对其进行创造性的改编，使之既能反映时代特征，又能引起学生的兴趣和共鸣。

例如，高校思政课教学中经常会讲到长征精神，其作为中华民族坚韧不拔、勇往直前的象征，向来是课程中讨论的重点。通过对长征历史的深入分析，教师试图揭示其中的高尚信仰、坚定意志和乐观态度等价值观。然而，要想将这些价值观转化为大学生日常生活和成长的具体指导，需对故事的情境空间进行重构。将中国特色社会主义建设的伟大征程视作新的长征，为理解当代中国的发展提供了历史维度，也使长征精神在当代具体化。面对复杂的国际形势，如同当年工农红军面对国民党的重重压力，今天的大学生可以在此类历史对比中寻找行动的勇气和方向。例如，改革开放中遇到的困难和挑战，可比之于过去的雪山草地，从而让学生体会到历史与现实的连续性和深远意义；将长征的终极目标与共产主义理想联系起来，并对应到"两个一百年"奋斗目标，可以为大学生提供一个清晰的历史和未来发展的框架，在这一框架下，长征不再是一段遥远的历史，而是与每个学生个人的学习和成长经历相连的现实过程。通过这种重构，学生不仅能在思政课程中学习到长征精神的历史背景和理论内涵，还能将这种精神应用到自己的现实生活中，以此来应对学习中的挑战和生活中的困难。

二、故事主旨从简单到丰富

故事重构的目的是在传统叙事方式的基础上，加入更深刻的思想内容。重构并不只是故事表达形式的转变，而是内涵的丰富。在进行故事重构时，教师需整合故事解构过程中的多重视角与多层次意义，以使教学内容能够提升深度和广度。通过对故事的多角度解读和深层次理解，学生能在认知和情感上得到全面提升。

例如，在思政理论课的"基础"课程中，教师可以通过引用"精卫填海"的故事，传递持之以恒的教育信息。该故事并非单一层面的寓意，而是包含多维的含义。故事重构的实践能够深化学生对文本的理解，从而更全面地把握故事内涵。通过引导学生探索"精卫填海"中的多种叙述，可以使学生从不同角度理解和思考，从而提升学生对理论知识的掌握。

精卫填海的故事象征着坚持与毅力。例如，"精卫衔微木，将以填沧海。刑天舞干戚，猛志固常在"①，生动描绘了精卫不畏强大海洋，持续努力的悲壮形象。此故事经过千年传承，依然能触动人心，体现了人们对持之以恒的努力和挑战强权的赞赏。历代文人通过文学作品传达对精卫的同情与敬佩，她的形象逐渐丰富并被赋予多重象征意义，如"冤禽""誓鸟""志鸟""帝女雀"②等称谓，这反映出社会对坚持正义和不屈不挠精神的推崇。精卫的形象不局限于一个遭受不幸的小鸟，而是演变成了一个象征坚定不移追求目标的精神象征。在东海边上立的"精卫誓水处"石碑，更是成为这一精神的物质化表达。

三、叙事情节从虚假到真实

在叙事教学中，教师需谨慎对待各种来源的历史故事。这些历史故事往往基于某些真实的人物原型和社会背景，但叙述者可能因个人的偏见或其他动机，对事件进行了不实的解读和篡改，导致其含义与事实大相径庭。在面对这种情况时，高校教师应积极介入，通过科学的方法和翔实的历史资料，逐步揭示故事背后的真实情况。教学的重点是揭露那些篡改历史的动机和手法，以及这些行为对学生价值观和人生观形成的负面影响。通过案例分析，帮助学生识别和批判那些伪造的故事，从而帮助学生树立正确的历史观，抵制历史虚无主义的侵蚀。

例如，在涉及思政理论课中"中国精神中的革命精神"这一教学内容时，教师可以结合具体的历史事件和人物，如黄继光的英勇事迹，系统地剖析网络上的误导信息，并指出这些信息的错误之处。此外，还应向学生展示如何通过客观的历史资料，恢复被篡改的历史真相。

① 文澜.趣读《山海经》[M].长春：吉林出版集团股份有限公司，2021：28.
② 立人.中国古代神话故事[M].成都：天地出版社，2018：32.

【网络质疑版：黄继光的故事】

黄继光的英雄故事已成为课本典型，但其堵枪眼的行为常遭到网络的质疑。批评者认为，黄继光的身体在遭受多发机枪子弹冲击时，理应被弹开，而不能靠近碉堡的枪眼并将其堵住。即便真能堵住，持续的机枪射击也足以将其击退，故难以持续堵住枪眼。此种英雄形象的设立，部分源于效仿苏联的马特洛索夫。苏联后有四百余名类似英雄，朝鲜人民军亦出现数位。而志愿军尚无一人，故在压力之下仿效制造了黄继光这一英雄形象，以满足时代与政治的需求。战争中的宣传需要此类英雄来激励士气，黄继光的故事便应运而生。

对于网络上对黄继光故事的质疑，教师与学生应共同探讨，理性分析这些问题，从而更准确地理解历史事件。历史不应被任意篡改，英雄事迹也不能仅凭"常识"来判断真伪。通过讨论，帮助学生建立对历史的正确认识和尊重。

【质疑一：肉体堵枪眼，能不能挡住子弹？】

分析：在讨论战场英雄黄继光的事迹时，人们常常对其用身体堵枪眼的行为提出疑问，质疑肉体是否能挡住子弹。实际上，尽管肉体不可能完全抵挡住机枪的连续射击，但黄继光的牺牲具有重大的战术意义。他的行为遮挡了敌人碉堡的射击方向，限制了敌军的视野和射界。即便敌人通过持续射击最终打穿了黄继光的身体，也无法立即恢复枪眼的完整视野。要想恢复正常射击，敌军必须花费时间推开黄继光的尸体，这一过程中射击无疑会受到干扰。

黄继光的英勇行为也激发了战友的士气，还为志愿军部队争取了攻占敌方阵地的宝贵时间。据亲历者肖登良回忆，黄继光在向敌人火力点爬进的过程中表现出极大的勇气和决心。当接近敌方地堡射孔时，他奋不顾身地扑上去，用自己的胸膛堵住了敌人的枪眼，从而英勇牺牲。肖登良的女儿肖冬梅回忆说，正是黄继光的这种坚毅和牺牲，为战斗的胜利创造了条件。黄继光的事迹是个人英勇的象征，也是集体战斗精神的体现，激励着每一位战士为共同的目标而战。

【质疑二：为什么黄继光与苏联英雄事迹如此相似】

分析：在朝鲜战争期间，苏联的卫国战争电影《普通一兵》热播，影片描绘了马特洛索夫这位苏联英雄以身堵枪眼的英勇事迹。黄继光的英雄行为与之极为相似，引起了一些网友的质疑，他们认为其事迹可能是出于当时宣传的需要而编造的。然而，黄继光的战友王精忠提供了另一种解释，他回忆黄继光不仅好学，而且思想觉悟高，身处军队这样的环境中，选择用自己的身体去堵住炮火的举动是一种必然的选择，而非偶然。实际上，像马特洛索夫这样以身堵枪眼的英雄行为在战争中并非孤例，朝鲜人民军中就有至少22名英雄采取了类似的牺牲行为。

【质疑三：黄继光真有其人吗】

分析：黄继光的故事在历史的长河中被不断提及，却也面临着一些质疑。有些人怀疑他的真实存在，理由是在他的家乡并没有人知道黄继光这个名字。实际上，黄继光原名黄际广，因为文书错误，他的名字在入伍时被记作黄继光。当时他还未识字，未能及时更正。负责接待新兵的冯玉庆指导员发现这个错误后，鼓励他保留这个名字，认为"继承光荣传统"是一个好名字。因此，黄继光一直使用这个名字直到牺牲。黄继光的母亲邓芳芝，在失去儿子后，曾多次被毛泽东同志接见。战争的残酷让她和毛泽东都体会到了失去亲人的痛苦。邓芳芝在给毛泽东同志的信中提到，大家都亲切地称呼她为"黄妈妈"，并邀请她到各地的工厂、机关、学校和乡村参观。

通过这些故事，教师可以向学生说明，历史虚无主义者常用的手法是虚化和抹黑革命英雄与民族历史。教师的任务是引导学生辩证地看待网络上的信息，使学生认识到这些历史人物的真实性和重要性，从而坚定对英雄故事的信仰。这是对英雄的尊重，也是对民族精神的维护，彰显了中华民族的坚韧和力量。

【重构之后的故事】

1952 年 10 月 14 日，"联合国军"对江原道金化郡上甘岭地区的597.9 高地和 537.7 北山高地展开激烈攻击。至 19 日晚，第 2 营接到命令，必须在天亮前夺回 597.9 高地，为反击战的成功打下基础。"联合国军"在山顶设置的火力点强势压制志愿军，使反击步伐受阻。当距离天明仅余 40 分钟时，黄继光挺身而出，毅然接受任务。他携带手雷，带领两名战士艰难向敌军火力点靠近。在照明弹的光芒下，他们机智前行。当接近敌军仅三四十米时，一名战士牺牲，另一名重伤。黄继光左臂中弹，鲜血直流，但面对敌人密集的火力，他无畏前行，坚持不懈地推进。随着部队试图发起冲击，敌人地堡内的机枪也开始猛烈扫射，志愿军冲锋再次受阻。此时，黄继光重伤倒地。黎明即将到来，身边无弹药，身负重伤的黄继光仍不放弃，艰难爬向敌军火力点。在关键时刻，他以身体挡住猛烈的机枪火力，英勇扑向敌人。瞬间，敌军的机枪停止了射击，黄继光以自己的生命为部队赢得了突破和胜利的可能。

在思政理论课叙述教学过程中，教师与学生共同探索，通过重构故事的方式，开发出新的叙述空间、内容、视角和情节。这种方法类似于织布，即将各种与原先认知不同的事件串联起来，编织成一个完整的新故事。这个新故事去除了原故事中的片面性、武断性、静态性、消极性和虚假性，引领学生扩展了观察世界的视野，更加符合马克思主义的立场、观点和方法，贴近现实和日常真实生活。新故事的构建不单单是叙事方法的一个环节，也不应该仅停留在理论上的探讨。如果仅在重构故事后结束，那么随着时间推移，故事可能会逐渐被遗忘，失去其深远的意义。因此，高校学生需要将这些新构建的故事融入自己的生活实践中，将其应用于生活的各个方面。通过这样的生活实践，学生能够不断产生对生命和生活的独特体验，这将对他们产生长远的影响，使新构建的故事发挥真正的价值。

第六章　叙事艺术在思政课程中的实践应用

第一节　国际时事在思政课叙事教学中的应用

一、国际时事及其在教育教学中的意义

（一）国际时事

国际时事是指发生在全球范围内，对世界具有重大影响的事件和动态，包括战争与冲突、政治变动、经济危机、科技创新、社会运动、环保议题等。这些事件并不一定需要发生在一个特定的地方或者由特定的国家引发，只要对国际社会有重大影响，就可以称为国际时事。

国际时事具有几个显著的特点。第一，它们通常涉及跨国的、全球性的议题和问题，如气候变化。第二，它们可能涉及各国的不同利益，因此，常常会引发复杂的国际关系和外交角力。第三，国际时事的发生与发展往往会对全球的政治、经济、科技、文化等产生深远的影响。

国际时事的重要性不言而喻。在全球化的今天，任何一个国家都无法孤立地存在，我们的生活、工作、学习等都与世界其他地方密切相关。

了解和关注国际时事，可以帮助人们理解世界的运行机制，看清楚全球的大趋势，从而在日常生活、职业发展、学术研究等方面做出更明智的决策。

每一件国际时事都可能对人们产生影响，只是程度和方式不同。例如，一场全球性质的金融危机可能影响到我们的经济生活，一次重大的科技突破可能改变我们的生活方式。

（二）国际时事在教育教学中的意义

国际时事的涉及面广泛，影响深远，它在教育教学中的应用，更能对提升公众的国际视野和全球素养起到重要的作用。

要理解国际时事在教育教学中的重要性，必须理解教育的目标。教育的目的不仅是传授知识，更是培养能够适应和推动社会进步的全面发展的个体。在这个全球化的世界里，人们的生活已经越来越受到跨国经济、政治、文化等多方面的影响。教育的目标，就是要让学生理解这个复杂的世界，有效地应对这些挑战。而理解和掌握国际时事，正是实现这个目标的重要途径。

国际时事对于教育的重要性和意义，具体可以体现在以下几个方面。

第一，有利于增强学生的全球视野。国际时事是一种活生生的教材，它为学生提供了一个了解世界的窗口。它揭示了各种国际关系动态，提供了理解和评价国家行为的实例，使学生可以从中看到理论在实际中的运用，从而更深入地理解这个世界。通过研究国际时事，学生可以接触世界各地的政治、经济、社会和文化。这些信息能够让他们理解不同地区、不同文化的人们是如何思考和行动的，同时让他们了解各地的社会制度和政策如何影响着人们的生活。通过学习国际时事，学生可以获得更广阔的视角，理解并欣赏世界的多样性，从而扩宽视野，增强全球意识。

第二，有利于提高学生的批判性思维。批判性思维通常被定义为理性的、反思性的思考，旨在决定或声明一个问题的真实性，一个信念或行动的合理性。在学习国际时事的过程中，批判性思维能力的培养是至关重要的。在信息时代，大量的信息和新闻报道将人们"包围"起来，这些信息的真实性、准确性、公正性和完整性都可能各不相同。因此，学生需要学会提出问题，评估信息，识别和解构观点，比较和对比不同的解释和解决方案。这些批判性的思考技巧是在 21 世纪社会生活中不可或缺的，它们可以帮助学生更好地理解和处理复杂的社会问题。

第三，有利于培养学生的问题解决能力。关注、理解国际时事是应对全球性问题的关键。世界上的许多问题，如环境污染、气候变化、国际安全、经济一体化等都是全球性的，这些国际问题的性质通常都是复杂、跨领域和具有挑战性的，需要各国合作来解决。对于这些问题，学生需要在课堂上进行研究、分析，提出创新的解决方案，还需要学会提出问题、收集和分析数据、提出并验证假设、评估结果，然后根据结果调整之前的解决方案。久而久之，学生的问题解决能力会得到有效锻炼，还可以理解这些问题的严重性和复杂性，从而培养他们的社会责任感。

第四，有利于提升学生的跨文化交流能力。在全球化的今天，来自不同文化背景的人们需要更频繁地进行交流和合作。对国际时事的理解，可以让学生接触多种文化观念，帮助他们理解并尊重文化差异，还可以帮助学生理解不同文化的思维方式和行为模式，提高他们的跨文化交流能力。

二、国际时事是思政课叙事教学的"现实素材"

叙事艺术在思政课程中的实践应用，突显了以故事讲述方式引入国际时事作为教学内容的重要性。国际时事作为思政课叙事教学的"现实素材"，丰富了课程内容，提升了学生对全球政治、经济、文化等领域动态的理解和关注。利用叙事艺术的形式，国际时事的讲述和分析能够激发学生的学习兴趣，增强他们对思政课程内容的理解和认同。

在叙事艺术的运用中，国际时事的故事化处理，能够将复杂的国际关系、政治冲突、经济发展等抽象概念转化为具体、生动的故事情节。这种转化能帮助学生克服对复杂概念的认知障碍，还能够通过具体事件的叙述，使学生在情境中思考，在故事中学习，从而更深入地理解和掌握思政课程传达的核心理念和价值观。在叙事艺术的运用中，教师可以选取具有代表性和教育意义的国际新闻或事件，通过故事讲述的方式，引导学生从多角度、多维度理解事件背后的深层含义。这种方法不仅促进了学生对国际政治现状的关注和理解，还培养了学生批判性思维和全球视角的形成。

叙事艺术的应用，要求教师具备高度的叙事能力和对国际时事的深入理解能力。教师需要根据教学目标和学生特点，精心挑选和设计国际时事教学素材，通过情节构建、人物刻画、情感表达等叙事技巧，使国际时事教学既具有知识性、思想性，又不乏情感性、故事性。叙事艺术在思政课程中的实践应用，还需注意教学内容的真实性和时效性，确保所选取的国际时事能够真实反映世界各国人民的生活状态、价值追求和文化特征。此外，教学过程中还应鼓励学生积极参与，通过讨论、辩论等形式，深化学生对国际时事的理解和分析，培养学生的国际视野和责任感。

三、思政课叙事教学融入国际时事的路径

在思政课叙事教学中融入国际时事，可以丰富教学内容，拓宽学生的视野，培养学生的批判性思维和解决问题的能力。为了有效地实现这一目标，要设计出一条具有针对性和实效性的教学路径。思政课叙事教学融入国际时事的路径如图 6-1 所示。

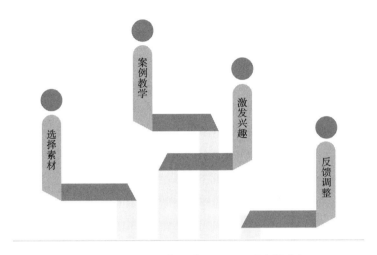

图 6-1　思政课叙事教学融入国际时事的路径

（一）选择素材

在思政课叙事教学中，融入国际时事是一种有效的教学策略，它可以帮助学生将理论知识与实际情境结合起来，深化学生对思政课程核心知识和技能的理解和掌握。通过精心选择与课程主题紧密相关的国际时事作为教学素材，教师能够创建一个富有启发性的教学环境，使学生在探讨和反思国际事件的过程中，加深对全球化、国际关系、国际合作等概念的认识。

国际时事的选择应依托于思政课程的教学目标和主题，确保所选材料的相关性和时效性。例如，在探讨全球化与国际合作的课程中，选取国际贸易协定、全球气候变化的国际应对措施、全球公共卫生事件等作为案例，不仅能够展示国际合作的现实意义和挑战，还能促进学生理解全球化下国家间相互依存的复杂性。通过这些实际案例的叙述，学生能够在具体的国际背景下，观察和分析国际政治、经济、文化等领域的互动关系，进一步理解国际合作的价值和重要性。叙事教学在这一过程中起到了桥梁的作用，它不仅是传递信息的手段，更是激发学生思考、引发情感共鸣的重要途径。通过叙述具体的国际事件，教师能够将抽象的思政理论以故事化的形式呈现出来，使学生在情感上产生共鸣，从而增强学习的主动性和参与感。

叙事教学通过引入国际时事，为学生提供了一个观察和分析全球化趋势、理解国际合作重要性的窗口。例如，在学习国际社会在应对气候变化方面的合作时，教师可以通过叙述某次国际气候峰会的故事，包括前期的准备、会议期间的讨论、达成的协议以及后续的执行情况，使学生从中看到不同利益相关者之间的博弈与妥协，以及在共同目标面前的合作精神。通过这种叙事方式，学生不仅能够学习到具体的国际时事知识，还能够培养独立思考和批判性思维能力。叙事中的人物、事件、冲突和解决方案等元素，提供了丰富的素材，供学生分析和讨论，如在环保与经济发展的平衡问题上，学生可以通过讨论发展中国家与发达国家在环保责任上的不同立场，理解国际合作的复杂性和挑战性。这种叙事教学方式能够使学生在理解全球化和国际合作的同时，更好地参与进去，为其将来在全球化世界中的生活和工作奠定基础。

（二）案例教学

通过叙事艺术的手段，将国际时事转化为生动具体的教学内容，不仅能够增强学生对思政课知识的兴趣和认知，还可以培养学生的国际视野和批判性思维能力。案例教学作为一种有效的教学方法，通过选取具有代表性、启发性和争议性的国际时事，构建情境，讲述故事，使学生在情感和思想上与案例产生共鸣，从而深化对思想政治理论的理解和应用。

叙事艺术在案例教学中的应用，主要体现在以下几个方面。第一，叙述国际时事背后的故事，包括事件的起因、经过、结果以及影响，可以让学生感受到事件的复杂性和多维度，引发学生的好奇心和探索欲。例如，讲述某一国际冲突的历史背景、参与方的利益诉求、冲突的发展过程和最终的解决方案，可以使学生理解国际政治中的权力博弈、利益平衡和和平解决争端的重要性。第二，叙事艺术能够增强案例的情感表达。通过对国际时事中人物的刻画，情感的渲染，学生可以在情感上与案例中的人物产生共鸣，从而在情感层面上加深对国际时事的理解。通过人物故事的叙述，学生可以了解不同国家和地区人民在特定历史时期的生活状态和心理活动，培养同情心和跨文化交流能力。第三，叙事艺术有助于揭示国际时事背后的深层次原因和长远影响。教师通过叙事构建的情境，可以引导学生思考国际时事背后的经济、政治、文化等多方面因素，以及这些事件对国际关系、世界和平与发展的影响。通过深入分析和讨论，学生能够在宏观层面上把握国际事务的发展趋势，培养全球视野和国际责任感。第四，叙事艺术在案例教学中的应用能够培养学生的批判性思维能力。教师通过对国际时事案例的多角度分析，可以让学生学会从不同的视角和立场审视问题，鼓励学生提出自己的见解和解决方案，培养学生的批判性思维和问题解决能力。

（三）激发兴趣

激发学生对国际时事的关注和兴趣是实现教学目标的关键步骤。兴趣是最好的老师，只有当学生对所学内容产生了兴趣，他们才会愿意投入更多的时间和精力去主动学习。而国际时事作为思政课叙事教学的重要素材，恰好可以提供一个鲜活、生动的学习环境，让学生在感兴趣的同时增长知识，提升能力。

教师可以选取与课程内容相关的国际时事作为叙事素材，通过故事化的表达方式，构建情境，讲述事件发展过程中的关键节点、涉及的主要人物及其行为动机、事件对国际关系或国内政策的影响等。例如，通过叙述某一具体的国际冲突事件，展现不同国家间的政治立场和经济利益的博弈，引导学生思考和讨论国际法、和平与发展的重要性。在叙事过程中，教师应注重故事情节的设计，使其既有教育意义，又能够引起学生的好奇心和探索欲。教师还应通过人物故事的讲述，使学生能够身临其境地感受国际事件中的复杂情感和道德抉择，从而增强学生对课程内容的兴趣和认同感，以及通过情景模拟、角色扮演等互动形式，让学生参与事件的分析和讨论，提高学习的主动性和参与度。此外，叙事教学还应充分利用多媒体教学资源，如视频片段、新闻报道、专家访谈等，为学生提供丰富的视听材料，帮助他们更好地理解和分析国际时事。经过视觉和听觉的双重刺激，叙事内容变得更加生动、形象，可以进一步提升学生的学习兴趣。

在进行这些活动时，教师的角色也非常重要。教师不仅要给学生提供支持，还要给学生留出自由讨论的空间，让他们自由发挥，自主探究，并在适当的时候提供指导和帮助，引导学生进行深度的思考和讨论。例如，教师可以在讨论环节中，引导学生从不同的角度和层面来看待问题，激发学生的批判性思维，也可以在学生遇到困难时，给予学生具体的指导和帮助，让学生可以在挑战中找到解决问题的办法，不断提升学生的问题解决能力和创新能力。

（四）反馈调整

反馈调整环节是叙事教学过程中的重要一环，它要求教师根据学生对国际时事叙事教学的反应，对教学内容和方法进行及时的调整和优化，以保证教学活动更好地达到预期的教学目标。在这个过程中，叙事艺术的应用成为连接教学内容与学生理解的桥梁，通过生动的故事化表达，学生能够更深刻地理解国际时事背后的思政教育意义。

在进行反馈调整时，教师首先需要对学生的学习情况进行全面的了解和分析，包括学生对国际时事的认知程度、思想情感的反应、讨论参与的热情等方面。对此，教师可以通过问卷调查、小组讨论、个别访谈等多种方式收集反馈信息，从而获得关于叙事教学效果的直接证据和学生的真实感受。其次，教师需要根据收集到的反馈信息对教学策略进行调整。如果发现学生对某些国际时事的理解不够深入，可以通过增加相关故事情节的复杂性和情感深度，引导学生深入思考。例如，教师可以通过构建与时事相关的角色冲突、道德抉择等情节，促使学生在情感上产生共鸣，从而深化对问题的理解。最后，教师可以针对学生反馈中提到的具体问题和建议调整叙事的角度和焦点，尝试从不同的文化背景和国际视角出发，讲述更多元和包容的故事。这有助于拓宽学生的国际视野，培养学生的跨文化理解能力和全球意识。

在反馈调整的过程中，教师与学生之间的互动非常关键。教师应鼓励学生提出自己的看法和建议，建立开放、平等的师生对话机制，还应定期组织反馈讨论会，及时解决学生在学习过程中遇到的问题，激发学生的批判性思维，促进学生主动参与国际时事叙事教学的改进。

四、思政课叙事教学融入国际时事的案例

（一）全球气候变化

全球气候变化是一个涉及各国政策、经济、科技、文化等各个方面的全球性问题，对于学生来说，这既是一个具体的学习对象，也是一个理解全球化和国际合作概念的生动实例。

在教学过程中，教师应引入关于全球气候变化的最新新闻和报告，让学生了解这个问题的现状、重要性和紧迫性，让学生分析各国在应对气候变化上的政策和措施，理解其背后的原因和影响，同时思考如何通过国际合作来共同应对这一全球性的挑战，还可以让学生进行角色扮演，如扮演不同国家的政策制定者，进行模拟联合国会议，讨论和决定如何合作应对全球气候变化。

在这个过程中，教师应根据学生的反馈和学习情况，调整教学策略和方法，如增加更多的讨论和实践环节，或者引入更多的背景知识和素材来帮助学生理解和掌握关键概念。此外，教师还可以让学生通过写作报告或者进行课堂展示，总结他们的学习成果和心得，这不仅可以让学生有机会展示自己的学习成果，也可以帮助教师了解学生的学习进度和效果，进一步调整教学。

这个案例展示了如何在思政课中融入国际时事，让学生在了解和分析实际问题的过程中，理解和掌握全球化和国际合作的相关知识，同时

展示了教师如何根据学生的反馈和学习情况，调整教学策略和方法，以提高教学效果。

（二）全球电影文化交流

如果思政课是关于"全球化与文化交流"的，那么全球电影文化的交流和影响可以作为一个生动的教学案例。电影是一种强大的文化传播工具，可以跨越语言和文化的界限，影响全球观众。在教学中，教师可以选取一部具有国际影响力的电影，如奥斯卡获奖电影，作为教学素材。

首先，教师可以引导学生观看电影，并提供一些关于电影背景的信息，包括导演的创作意图、电影制作的过程以及电影在全球的反响。其次，在观看完电影后，教师可以组织学生进行小组讨论，分析电影中的文化元素，如人物角色、故事情节、视觉符号等，以及这些元素如何反映出电影的文化背景和观念，并引导学生讨论这部电影在全球范围内的影响，如电影如何促进了不同文化的交流和理解，电影是如何让全球观众理解和接受它的文化观念，以及观众在接受这些观念的过程中，又是如何对自己的文化观念进行反思和修改的。再次，教师要引导学生研究和讨论全球电影产业的发展趋势，如电影的全球化生产和消费，以及这种趋势对全球文化交流和影响的意义。这不仅可以让学生理解全球化对文化交流的影响，还可以帮助学生理解全球化在经济、政策等方面的作用和影响。最后，教师可以让学生写影评或者进行课堂报告，总结他们的学习成果和心得。这不仅可以让学生有机会展示自己的学习成果，还可以帮助教师了解学生的学习进度和效果，进一步调整教学。

这个案例展示了如何在思政课中融入国际时事，让学生在了解和分析实际问题的过程中，理解和掌握全球化和文化交流的相关知识，同时展示了教师如何根据学生的反馈和学习情况，调整教学策略和方法，以提高教学效果。

第二节 跨学科叙事的探索与实践

一、跨学科及其现实优势

跨学科研究是一种涉及多个学科领域的学习方法和研究领域。这种方法旨在集中解决那些单一学科难以应对的复杂问题。

（一）跨学科简介

跨学科研究的本质在于打破学科之间的壁垒，促进各个学科的相互交流和协作。这种方法源自对现代社会日益复杂的问题的认知。例如，解决全球变暖问题需要环境科学、经济学、政治学、伦理学等多个学科的知识和方法。

1.跨学科的理论基础

在深入理解跨学科研究的理论基础之前，先要对学科这个概念有所认识。学科通常被定义为具有一套自身的概念、理论和研究方法的知识领域。一般来说，传统的学科研究常常局限于自身的知识体系，而忽视了学科间的交叉和融合。然而，面对当今社会日益复杂的问题，这种单一学科的研究方法往往无法提供全面的解答。于是，跨学科研究应运而生。

跨学科研究的理论基础建立在一个基本前提之上，那就是知识并不是孤立的，而是相互关联的。一项研究可能会涉及多个学科的知识领域，解决一个问题也往往需要多个学科的知识和方法。例如，在解决环保问题时，人们不仅需要生物学的知识来理解生态系统的运作机制，还需要政治学的知识来理解政策制定的过程，以及需要经济学的知识来评估环保政策的经济效益。这种将问题作为中心，而非将学科作为中心的研究取向，就是跨学科研究的核心理念。

跨学科研究的理论基础不仅是对问题的全方位解读，它还强调对各个学科的知识和方法的整合。这就需要研究者有足够的跨学科素养，包括理解各个学科的知识体系，理解各个学科的研究方法，理解各个学科的研究视角，以及理解如何将各个学科的知识和方法整合在一起。这种素养不是一蹴而就的，而是需要通过长期的学习和实践来培养。

跨学科研究的理论基础还体现在其对创新的重视上。当人们将各个学科的知识和方法整合在一起时，可能会发现一些新的视角，新的思考方式，甚至是新的知识领域。例如，生物信息学就是通过将生物学和信息学的知识和方法相结合，开辟出来的一个新的学科领域。这种对创新的重视，也是跨学科研究的一个重要特征。

2.跨学科的实施过程

跨学科的实施过程涉及一系列步骤和策略，研究者应具有扎实的学科知识以及跨学科沟通和协作的能力。

实施跨学科研究的第一步是识别问题。这个问题应是复杂的，无法通过单一学科的知识和方法来解决。对于这个问题的识别，需要研究者具备敏锐的洞察力和深厚的知识储备。例如，在"鸦片战争前的中国与世界"的课程教学中，问题可能是理解鸦片战争前中国的外交、经济和文化政策如何与全球其他国家相互作用。这个问题是复杂的，需要从历史、经济、政治、文化研究和国际关系等多个角度进行分析。

进行跨学科研究的第二步是确定相关学科。这个步骤需要研究者对各个学科有充分的理解，知道哪些学科的知识和方法可能对解决问题有帮助。例如，历史学的知识可以帮助研究者理解当时的社会结构和政治态势；经济学的方法可用于分析中国与其他国家之间的贸易模式；文化研究可以提供对文化交流和影响的深入了解；国际关系的理论能够解释各国间的互动和冲突；政治学的观点有助于分析国家间的权力动态；等等。

实施跨学科研究的第三步是整合理论和方法。在这个过程中，研究者需要把各个学科的理论和方法结合起来，形成一个完整的研究框架。这就需要研究者具有出色的理论整合能力以及良好的实践操作能力。这一步骤可能涉及理论的批判性思考、方法的创新性设计以及实验的精细性操作等。

实施跨学科研究的最后一步是形成解决策略。在这个步骤中，研究者需要根据前面的研究结果，提出一套针对问题的解决方案。这就需要研究者具有卓越的策略规划能力以及实际行动的勇气和决心。这一步骤可能涉及策略的科学性规划、行动的合理性分析以及结果的实效性评估等。

（二）跨学科的优势和挑战

跨学科研究具有多种优势，其中较为明显的优势就是提供了对问题进行全方位、多元化的视角解读的可能性。由于跨学科研究整合了多个学科的知识和方法，因此，它能够在理解和解决问题时提供更全面、更深入的视角。在当今社会中，人们面临的许多问题都是复杂和多元的，这些问题的解决不仅需要人们理解问题的本质，还需要理解问题的多个方面，如社会方面、经济方面、科技方面、文化方面等。跨学科研究为人们提供了这样的可能性。

跨学科研究也有助于推动知识的创新和发展。当人们从多个学科的视角去看待一个问题时，往往能够发现新的知识和理论，甚至能够开辟新的学科领域。然而，跨学科研究的实施也面临着一些挑战。例如，团队协作是一个大的挑战。在跨学科的研究团队中，每个成员都有自己的专业背景和视角，如何把这些不同的资源整合在一起，形成一个共同的理解和目标，是一个大的挑战。这需要研究者具有优秀的沟通和协作能力，能够理解和尊重他人的观点，能够在团队中发挥自己的优势。又如，学科知识的整合也是一个挑战。每个学科都有自己的知识体系和研究方法，如何将这些知识和方法整合在一起，形成一个可以解决问题的框架，是一个大的挑战。这就需要研究者具有深厚的学科知识和广泛的视野，能够在各个学科之间建立起联系，找到它们之间的共性和差异。

二、跨学科教学已经成为教育领域的新风尚

跨学科教学已然成为教育领域的新风尚。在当今快速发展的知识社会中，单一学科知识已经无法满足学生的需求。为了培养具备综合能力和跨学科思维的学生，跨学科教学逐渐成为教育领域的新风尚。下面将详细论述跨学科教学的定义、意义以及实施方法，并阐述其在教育中的重要作用。

跨学科教学是一种综合性的教学方法，它超越了传统学科的界限，将多个学科的知识和技能有机地结合在一起。跨学科教学强调不同学科之间的关联性和交叉性，通过跨越学科边界，培养学生的综合素养和综合能力。

跨学科教学具有多重意义，而这些意义恰恰是单一学科教育所无法实现的。第一，跨学科教学有利于培养学生的综合能力。跨学科教学促使学生在不同学科领域进行交叉学习和思考，培养学生的综合能力，使他们能够综合运用各种知识和技能解决实际问题。第二，跨学科教学有利于促进学生创新思维的发展。跨学科教学能够打破学科的壁垒，激发学生的创新思维和创造力。通过将不同学科的观点和方法结合起来，学生能够更好地发现问题、提出解决方案并进行创新实践。第三，跨学科教学有利于培养学生的批判性思维。跨学科教学鼓励学生从不同学科的角度审视问题，培养他们的批判性思维能力。学生将学会评估和分析不同学科的观点，并形成独立的判断和观点。第四，跨学科教学有利于增强学生的学习动机。跨学科教学使学习更具有意义和相关性，能够激发学生的学习兴趣和动机。通过将学科知识与实际问题结合起来，学生能够看到学习的实际应用和意义，从而提高他们的学习积极性。

跨学科教学的常见方法主要有以下几种。第一，教师合作。跨学科教学需要教师间的紧密合作。教师可以组成跨学科团队，共同规划课程

内容和教学策略。通过教师之间的协作和交流，不同学科的知识可以有机地融合在教学中。第二，课程设计。跨学科课程的设计要有明确的目标和主题，能够将多个学科的核心概念和技能有机地结合在一起。教师可以通过制定综合性的项目或任务，让学生在实际问题中运用不同学科的知识和技能。第三，跨学科资源。教师可以利用跨学科资源来支持教学。这些资源可以是图书馆、实验室、在线学习平台等。通过使用不同学科的资源，学生能够获取更全面和深入的知识。第四，跨学科评估。评估是跨学科教学的重要环节。评估应该综合考虑学生在不同学科中的表现，包括知识掌握、综合运用和创新思维等方面。教师可以采用多种评估方法，如项目作业、成果展示和综合考试等。

综上所述，跨学科教学超越了传统学科的界限，将多个学科的知识和技能有机地结合在一起，培养了学生的综合能力和综合素养。跨学科教学的实施需要教师的合作、课程设计、跨学科资源和评估方法的支持。跨学科教学在培养学生的综合素养、促进跨学科研究、培养终身学习能力和提高问题解决能力等方面发挥着重要作用。通过跨学科教学，人们可以培养出具有广泛知识背景和综合能力的学生，为未来的社会发展做出贡献。

三、思政课叙事教学与跨学科的结合路径

思政课叙事教学与跨学科的结合路径如图 6-2 所示。

历史与政治的结合　　文学与政治的结合　　科学与政治的结合　　艺术与政治的结合

图 6-2　思政课叙事教学与跨学科的结合路径

（一）历史与政治的结合

历史与政治的结合可以形成一种独特的教学方法，使学生在学习历

史的同时了解政治概念，掌握政治理论。通过叙事艺术，教师能够将历史事件与政治理论有机结合起来，构建一个情境化、故事化的教学环境。在这种教学模式下，历史不仅是过去的记录，更是学生理解现实、预测未来的钥匙；政治也不再是抽象的概念，而是历史进程中活生生的实践。在这种教学环境下，学生能够切身感受历史事件，理解历史故事中各人物的政治决策，有效提升自身的政治历史素养。

叙事教学与历史和政治结合的教学，能够让学生在故事的引领下，穿越时空，直观体验历史事件，深刻理解政治理论的形成和发展。例如，通过讲述中国共产党成立的历史背景、新民主主义革命的进程以及社会主义现代化建设的挑战与成就，学生能够清晰地看到政治理论是如何在历史的洪流中应运而生的，以及它们是如何影响社会进步的。在这种教学模式下，历史事件不仅仅被作为知识点来讲授，而是作为理解政治现象的桥梁。通过对历史事件的叙述和分析，学生能够观察到不同政治理论在实践中的表现，如资本主义与社会主义在不同历史阶段的实践结果，进而形成对政治理论更为全面和深入的理解。

历史作为政治的"老师"，提供了丰富的教训和启示。叙事教学使这些教训和启示不再是抽象的道德讲述，而是通过生动的历史故事直接呈现给学生，使学生在情感上产生共鸣，从而深刻认识到学习历史、理解政治的重要性。历史和政治的结合可以有效地提高思政课的教学效果，使学生在学习过程中更好地理解政治理论，把握历史发展的规律，形成正确的政治观念，为个人和社会的发展提供有力的指导。

（二）文学与政治的结合

文学与政治的融合，为思政教育开辟了新的路径。文学作品中蕴含的深厚政治意义和丰富的思想情感，为思政教育提供了生动的教学材料和有效的教学手段。通过叙事艺术教学，教师可以将抽象的政治理论以具体、形象的方式展现出来，从而增强学生的学习兴趣和思政教育的效果。

文学作品之所以能与政治理论课程相结合，关键在于文学的叙事特性。文学作品通过故事情节的铺展、人物性格的塑造、冲突矛盾的展现等方式，生动地反映了社会生活的各个方面，包括政治理想、社会矛盾、历史变迁等。这些内容能够激发学生的情感共鸣，还能引导学生深入思考社会和政治现象，培养学生的历史意识、责任意识和批判性思维能力。

在思政课叙事教学中，文学与政治的结合可以通过以下几种方式实现。

第一，选取具有深刻政治寓意的文学作品作为教学案例，通过对作品中的政治议题、历史背景、人物抉择等进行分析，帮助学生理解政治理论在实际生活中的应用和体现。例如，通过分析《红楼梦》中的家族兴衰反映封建社会的政治和经济基础，以此引入对社会主义初级阶段理论的讨论。第二，利用文学作品中的叙事技巧和情感表达，增强思政教学的感染力。文学作品中的具体场景、人物对话和内心独白等，可以使政治理论的学习变得更加生动和具体，帮助学生在情感上认同和理解政治理论。第三，结合文学批评和政治分析，培养学生的综合分析能力。教师通过对文学作品的深入解读，分析作品的艺术价值，探讨作品所反映的政治观点、社会问题等，可以促使学生跨学科地思考问题，形成全面的世界观。第四，利用文学创作活动促进政治理论的内化。教师应鼓励学生通过诗歌、小说等形式表达对政治理论的理解和感悟，通过创作活动加深对政治理论的认识和感情的投入。

文学与政治的结合，使思政课叙事教学提升了趣味性和有效性，培养了学生的人文素养和政治素养，使学生在享受文学美感的同时，深化了对政治理论的理解和认识。这种跨学科的结合路径，充分体现了叙事艺术在思政教育中的独特价值和重要作用，为高校思政教育提供了新的视角和方法。

（三）科学与政治的结合

通过叙事艺术，将科学知识与政治理论紧密结合，能够增强学生对思政课内容的理解和兴趣，还能促进学生全面、均衡的知识结构和价值观的形成。在这一教学过程中，叙事作为一种重要的教学手段，通过故事化的形式，将抽象的政治理论与具体的科学知识相结合，使学生在具体情境中感悟和学习，从而达到教育目的。

科学与政治的结合，要求教师精心设计教学内容和方法，将科学发展的历程、科学家的故事以及科学发现背后的社会意义与政治理论结合起来。例如，教师可以通过讲述科学发展史上的重大事件，展示科学技术如何推动社会进步，如何与政治决策相互作用，进而引发学生对科技发展与社会政治之间关系的深入思考。叙事艺术在此过程中起到桥梁作用，通过生动的故事情节、鲜明的人物形象和具体的历史背景，让学生在情感上产生共鸣，增强理解和记忆，提升思政教育的实效性。

在叙事教学过程中，教师可以选取具有代表性的科学家及其研究成果，结合其时代背景和社会环境，讲述他们的科研经历和对社会的影响，以及他们的科学精神与政治立场如何影响了社会政治理念的发展。这样既可以展现科学探索的艰辛和美丽，也能够体现科学精神与社会责任的紧密联系，促进学生形成正确的世界观、人生观和价值观。叙事教学还可以引导学生思考科学技术发展对社会政治生活的影响，如环境保护、能源利用、生物伦理等问题，从而理解科学技术与政治决策之间的复杂关系。教师通过分析具体案例，可以让学生认识到科学发展除了有技术问题外，还有社会问题、政治问题等，需要综合考量科技进步、社会需求和政治决策之间的平衡。

科学与政治的融合，不仅丰富了教学内容和形式，还为学生提供了一个更加广阔的学习视野。通过叙事艺术，将科学知识与政治理论紧密结合，运用故事化、情境化的教学方式，促进了学生在认知和情感上的双重发展，为学生树立正确的世界观、人生观和价值观提供了重要支撑。

（四）艺术与政治的结合

艺术与政治的结合在思政课的叙事教学中有非常特殊和重要的地位。

艺术是人类情感、思想和生活的反映，政治是社会组织和行为的体现。教师通过分析艺术作品，可以让学生感受到政治理论的人文关怀，同时提高学生的审美能力和人文素养。

艺术作品常常以其独特的方式反映和批判政治现象。很多重要的艺术作品也深入地探讨了权力、伦理、自由等重要的政治主题。通过分析这些作品，学生可以从一个全新的角度理解政治理论，还能通过艺术作品中人物的情感变化和冲突，感受政治理论的人文关怀。艺术与政治的结合能够提高学生的审美能力和人文素养。艺术作品本身就是审美对象，通过欣赏和分析艺术作品，学生可以提高自己的审美能力，感受生活中的美好。艺术作品中的情感表达和思想深度，也能提高学生的人文素养，使他们更加理解人类社会的复杂性和多元性。艺术与政治的结合可以提升思政课的教学效果。艺术作品以其生动的情节、鲜明的人物和深刻的主题，往往能引起学生的强烈共鸣，使他们更愿意参与思政课的学习。教师可以引导学生深入探讨艺术作品中的政治主题，激发他们的批判性思维和创新思维。

艺术与政治的结合为思政课的叙事教学提供了一种新的可能性。这种方法不仅可以帮助学生更好地理解政治理论，还能提升他们的审美能力和人文素养，从而达到提高教学效果的目标。

第三节　社会热点在思政课叙事教学中的应用

一、搜索和觉察社会热点话题的方法

搜索和觉察社会热点话题的能力对于任何想要了解当前社会趋势和问题的人都是必不可少的，这更成为思政教师实现叙事教学艺术的重要支持，搜索而来的多重信息将成为他们的教学素材。搜索和觉察社会热点话题的方法如图6-3所示。

运用社交媒体

跟踪新闻媒体

网络搜索引擎

参与论坛和社区

参加研讨会和活动

订阅专业期刊和报告

图6-3　搜索和觉察社会热点话题的方法

（一）运用社交媒体

社交媒体在现代生活中发挥着重要的作用。作为交流、信息共享和社区建设的重要工具，它为人们了解社会热点话题提供了新的可能性。社交媒体因其即时性、互动性和广泛性，成为一个可以捕捉和反映社会动态的极佳平台。

社交媒体的即时性使人们能够快速获取最新的社会动态。无论是国际新闻、政治事件，还是社区动态，社交媒体都能够以极快的速度传播信息。一篇微博或一段视频可以在瞬间让数千甚至数百万的人看到。对于想要了解社会热点话题的人来说，这意味着他们可以几乎实时了解到全球各地正在发生的事情，这在过去是无法想象的。

社交媒体的互动性为人们提供了分享观点和参与讨论的空间。在社交媒体上，人们不仅可以获取信息，还可以对信息进行评论，与他人交流观点，甚至与信息的发布者进行直接对话。这样的交流可以帮助人们更深入地理解社会热点话题，还可以让他们听到多元化的观点，增强他们的批判性思维能力。

社交媒体的广泛性使其能够覆盖各个社会群体和领域。无论是政府机构、企业、媒体机构，还是公众人物和普通民众，都可以在社交媒体上发布信息，分享观点。这种多元化的信息源不仅能使人们从不同的角度理解社会热点话题，还能使人们接触更广泛的社会现象和文化现象。

但需要注意的是，社交媒体上的信息并非都是准确和可靠的。假新闻和错误信息的传播是社交媒体的一个重要问题。因此，人们在使用社交媒体了解社会热点话题时，需要有批判性的思维，检查信息的来源，验证信息的真实性，还需要注意保护自己的网络安全和隐私。

总的来说，社交媒体作为一个即时、互动、广泛的信息平台，为思政教师群体了解社会热点话题提供了极大的便利。

（二）跟踪新闻媒体

新闻媒体在人们了解社会热点、把握时事动态、洞察社会趋势等方面具有至关重要的作用。它们为公众提供了获取和理解各种复杂信息的窗口，同时塑造着公众对世界的认知和理解。

新闻媒体是人们获取社会热点信息的主要来源。无论是传统的电视、广播、报纸，还是现代的在线新闻网站，它们都提供了丰富多样的新闻报道和深度分析。这些信息不仅覆盖了政治、经济、科技、文化、娱乐等各个领域，而且来自全球各地。通过关注和分析这些信息，人们可以及时了解社会发生的重大事件，把握社会的发展动向，深入理解社会的各种问题和挑战。

新闻媒体通过对事件的选择、报道和解读，塑造了公众对世界的认知和理解。一则新闻报道不仅是对事实的客观描述，还是对事实的主观解读。报道中的语言、图片、数据、视角等都可能影响人们对事件的理解。例如，新闻媒体如何报道和解读社会问题，往往会影响公众对这些问题的认识和态度。因此，了解新闻媒体的运作机制和报道策略，对于人们准确理解和评估新闻信息是非常重要的。

新闻媒体在塑造和引导社会舆论方面发挥着重要作用。哪些事件被报道，以何种方式报道，都可能影响公众的关注焦点和观点形成。新闻媒体对某个事件的持续报道，可以引起公众的广泛关注，形成社会热点。反过来，被忽视的事件则可能被公众所忽视。因此，关注新闻媒体的报道，有助于人们了解社会的热点议题和舆论走向。

因此，跟踪新闻媒体是人们了解社会热点、把握时事动态的重要途径。在关注新闻媒体的同时，人们也需要有批判性的思维，理性分析和评估新闻信息，防止被片面或偏颇的信息所误导。

（三）网络搜索引擎

网络搜索引擎已经成为人们获取信息，特别是寻找社会热点话题的重要工具。搜索引擎凭借其强大的信息检索能力，能够在瞬间从互联网的海量信息中找到与特定关键词或短语相关的文章、讨论、视频、图片等内容，这对于人们快速了解和研究社会热点话题极其有用。

搜索引擎的功能并不仅仅限于信息检索。许多搜索引擎还提供了诸如新闻警报、趋势分析、关键词建议等服务，可以帮助用户更好地发现和跟踪社会热点话题。例如，在搜索软件的新闻中设置警报，一旦有关于用户感兴趣的关键词的新闻出现，系统就会发送通知。这样，用户就可以随时掌握最新的信息，不会错过任何重要的社会热点。

但使用搜索引擎也需要注意以下几点：使用适当的搜索策略和技巧可以提高搜索的效率和准确度，如使用引号可以搜索确切的短语，使用减号可以排除特定的词，使用通配符可以搜索词的不同形式等；对搜索结果的评估和筛选非常重要，搜索引擎提供的信息质量参差不齐，要有批判性的思维，检查信息的来源，验证信息的真实性，以避免被错误或偏颇的信息所误导；要注意保护自己的网络安全和隐私，不要轻易点击不明链接，不要随意提供个人信息，要使用可靠的安全工具和服务。

（四）参与论坛和社区

在线论坛和社区已经成为观察、参与和分析社会热点话题的重要平台。这些平台上的用户来自全球各地，背景各异，他们在这里分享观点，提出问题，进行讨论，从而构建出了一个信息丰富、观点多元的交流空间。

论坛和社区为人们提供了了解社会热点的窗口。用户在这里讨论各种问题，分享各种观点，这些讨论和观点反映了当前的社会关注点和热议话题。通过浏览和分析这些内容，人们可以了解到社会的热点问题，理解不同群体对这些问题的看法，洞察社会趋势。这些论坛和社区提供了一个参与社会讨论的平台。在这里，人们不仅可以阅读他人的观点，还可以发表自己的观点，提出自己的问题，与他人进行交流和讨论。这种互动让人们有机会深入了解问题，拓宽视野，提高批判性思维和交流技巧。

此外，这些论坛和社区还提供了丰富的学习资源。许多专家和研究者也会在这些平台上分享他们的知识和见解，人们可以从中学习到专业的知识和深度的见解，而且可以通过提问或参与讨论，向他人学习，解决疑惑，提高自己的知识和技能。

但是用户也需要注意，论坛和社区上的信息并非都是准确和可靠的。误导性的信息、偏见的观点、恶意的评论在这些平台上并不少见。因此，人们在获取和使用这些信息时，需要具备批判性思维，检查信息的来源，考虑信息的有效性，避免被错误或偏颇的信息所误导。同时，需要注意保护自己的网络安全和隐私，避免在这些平台上过度分享个人信息。

（五）参加研讨会和活动

参加研讨会和活动是一个获取新知、探讨热点话题、拓展人脉的重要方式。无论是线上还是线下的研讨会、工作坊、论坛或者各类活动，都可以提供一个了解新概念、新方法，学习新技能，甚至引领和参与热门讨论的机会。研讨会和活动可以使人们获得最新的知识和信息。很多研讨会和活动的主题往往都是围绕着某个领域内的新发展、新研究、新趋势，或者是热门的社会话题而展开。通过听取专家、学者或者业界领袖的演讲，人们可以了解到领域前沿的理论知识和实践经验，得到启示，发现新的学习和研究方向。

研讨会和活动是一个良好的社交场所，可以让人们接触各种各样的人，拓展人脉，建立新的合作关系。在这些活动中，人们可能会遇到行业领导者、研究人员、专业人士，甚至未来的合作伙伴或者导师。通过与他们交流，人们不仅可以了解他们的观点和经验，还可能得到他们的建议和帮助。此外，参加研讨会和活动也有助于人们提高自己的沟通能力和批判思维能力。在这些活动中，人们可以参与各种各样的讨论和互动，听取他人的观点，表达自己的想法，进行有深度的交流和讨论。这不仅可以提高人们的语言表达能力，还可以锻炼人们的批判性思维，使人们学会从不同的角度和层面理解和看待问题。

（六）订阅专业期刊和报告

订阅专业期刊和报告是深入了解并保持与特定领域发展同步的重要方式。无论是经济、科技、教育还是医疗等领域，专业期刊和报告往往包含了丰富的数据、深入的分析以及领域内最新的研究成果，对于人们深入认识和了解该领域是非常有帮助的。

通过阅读专业期刊，可以了解到领域内最新的研究进展和成果。学术期刊通常会发表来自各个研究机构和学者的原创研究文章。这些文章经过同行评审，因此，具有较高的可信度。通过阅读这些文章，人们可以了解到最新的科学发现、技术创新或理论洞见，这对于人们自己的学习和研究是非常有价值的。专业报告通常提供了对特定主题或问题的深入分析。这些报告可能来自政府机构、智库、研究机构或公司。它们通常基于大量的数据和信息，通过深入的分析，为人们提供了某一主题或问题的全面了解。例如，市场研究报告可以帮助人们了解特定行业的发展趋势和市场动态；政策报告可以让人们了解政府的政策方向和其可能的影响。此外，订阅专业期刊和报告也是提升人们专业素养和批判性思维的一个有效途径。通过深入阅读和分析这些文献，人们可以学会如何评估信息的质量，如何进行逻辑分析，以及如何提出建设性的批评和建议。这对于人们的职业发展和个人成长是非常有益的。值得注意的是，虽然专业期刊和报告是非常宝贵的资源，但也需要人们具备一定的判断力和分辨能力。人们应该注意区分不同来源信息的可靠性，批判性地对待信息，并结合其他资源和证据，形成自己的判断和看法。

综上所述，订阅专业期刊和报告是人们深入了解特定领域、获取最新知识、提升专业能力的重要途径。

二、思政课叙事教学融入社会热点话题的路径

在思政课程中融入社会热点话题是一种非常有效的教学方法，这种方法可以让学生更好地理解和掌握理论知识，并能激发他们对社会现象和问题的思考。下面是几种可以实现这一目标的现实路径。

（一）案例研究

在思政课程中引入案例研究的方式能够以实际的社会热点为切入点，加深学生对理论知识的理解与应用。

1.案例研究的优点

案例研究通过具体事件，将理论与实践紧密结合，使抽象的思想政治理论知识具体化、生动化，增强了学习的实践性和针对性。在叙事艺术的框架下，社会热点话题作为案例研究的对象，能够吸引学生的注意力，还能激发学生的思考和讨论，促进他们主动探索和解决问题。

案例研究的优点在于其能够提供真实的学习情境，使学生在具体的社会语境中理解和分析思想政治理论。通过叙述具体案例的背景、过程

和结果，教师可以引导学生认识到理论知识在解决实际问题中的应用价值，从而增强学生学习的目的性和实用性。此外，案例研究强调对具体事件的深入分析和反思，这有助于培养学生的批判性思维和问题解决能力。在叙事艺术的支持下，案例研究不仅仅是对事件的陈述，更是对人物行为、决策过程和社会影响等多维度内容的探讨。这种多维度的叙事方式能够更全面地展现社会热点事件的复杂性，帮助学生从多角度理解和分析问题。通过故事化的叙述，学生能够更好地记忆案例中的关键信息，提高学习效率。案例研究还能促进教与学的互动。在讨论和分析案例的过程中，学生有机会发表自己的观点和见解，与同学进行交流和辩论，这种互动性的学习方式能够提高学生的参与度，增强学习的主动性。通过对社会热点话题的深入研究，学生能够加深对思想政治理论的理解，还可以提升自己的社会责任感和使命感。

2.案例的选择与制备

在思政课叙事教学中融入社会热点话题，案例研究法是一种有效的路径。教师通过精心选择和准备与社会热点相关的案例，可以激发学生的学习兴趣，增强思政课程的实践性和时代感，进而促进学生深入理解和掌握思政理论知识。案例的选择应紧紧围绕社会热点事件，特别是那些能够引发广泛社会关注、涉及价值观念辨析和道德判断的事件。这类案例不仅能够为学生提供学习和讨论的素材，还能够帮助学生理解理论与实践的结合点，培养学生的批判性思维和解决问题的能力。

在案例制备过程中，教师应注重叙事艺术的运用，通过故事化的叙述方式，增强案例的吸引力和感染力。案例叙述应包括背景设置、人物介绍、事件发展、冲突点以及结果等要素，这些丰富的情节设计和人物刻画，能够使学生身临其境地感受事件的发生、发展和解决过程。同时，案例制备还需深入挖掘背后的价值冲突、道德选择等深层次问题，引导学生在故事情境中思考，通过讨论和分析，理解不同价值观的碰撞和选择，促进学生价值观的形成和发展。

3.案例教学的具体实施

案例教学的实施过程需要精心的策划和有序的管理。

（1）案例介绍。在案例介绍阶段，教师需详尽呈现案例背景、相关人物、事件发展过程及结果影响，确保学生对案例有全面深入的了解。叙事艺术在此过程中发挥关键作用，教师通过生动叙述，构建情境，激发学生兴趣，引导学生投入情感，从而增强理解和共鸣，并在思考中形成批判性和创新性思维，促进学生对社会热点问题的深度反思和价值判断，实现思政教育的目标。

（2）案例分析。案例分析并不仅是对事件的简单回顾，而且要深挖背后的思想理论基础、社会价值取向以及与学生生活经验的关联性。通过运用叙事艺术，教师将案例中的人物、事件、冲突等以故事化的形式呈现出来，增强了学生的情感共鸣，从而使学生更加主动地参与案例分析。在分析过程中，学生被鼓励批判性地思考，分析案例中的行为动机和后果，还需探讨在类似情境下的不同选择及其可能引发的不同社会反响。此外，案例分析还应注重引导学生思考如何将学到的知识应用到实际生活中，以及如何在面对社会热点问题时运用正确的价值观进行判断和选择。通过叙事艺术与案例分析的结合，思政课教学能够更加生动、有效，促进学生全面发展。

（3）思想碰撞。教师应挑选与学生生活紧密相关的社会热点案例，运用叙事艺术，将理论与实践相结合，生动展现案例背后的思想观念和价值冲突。叙事的过程不仅要重现事件情境，更要通过人物的选择、冲突的展开、情节的推进，引导学生深入理解事件的多维度意义和复杂性。

在思想碰撞阶段，教师应鼓励学生积极参与讨论，表达对案例中不同立场和观点的理解与分析，还应通过叙事艺术的形式，使学生在故事中找到共鸣，从而激发其批判性思维，进而探索解决问题的多种可能。此外，该环节还应强调学生之间的思想交流，通过互动讨论，促进学生之间的思想碰撞，加深学生对社会热点问题深层次原因和本质的认识。

（4）运用理论知识。在叙事艺术的框架下，教师可依托案例展开故事式教学，利用情节构建、人物刻画、环境描绘等叙事手法，将理论知识融入故事情境之中。通过故事化的叙述方式，使学生在情景模拟中亲身体验，从而加深对理论知识与实践应用的理解。例如，在讨论某一社会问题时，教师可以引导学生从多个角度分析问题，运用相关理论知识进行深入探讨，通过角色扮演、情境再现等方式，使学生在参与中学习，在体验中感悟。案例教学还需注重理论与实践的结合，鼓励学生将学到的知识应用于实际问题解决中，培养学生的批判性思维和创新能力。通过这种教学方式，教师不仅能够激发学生的学习兴趣，还能帮助学生建立起理论与实践相结合的知识体系，为其日后解决实际问题奠定坚实的基础。

（5）反思和总结。教师应引导学生深入探讨案例背后的深层次问题，激发学生对社会现象背后价值和意义的思考。同时，通过叙事的形式展现案例中的人物故事、情感冲突，让学生在故事中看到自我，促进自我反思和价值观的升华。此外，总结环节还应关注学生批判性思维的培养，通过对案例的多角度分析，让学生学会从不同视角审视问题，形成独立思考的能力。

（二）互动讨论

互动讨论在教学过程中占据着重要的地位，尤其是在思政课程中，其效果尤为明显。互动讨论不仅能够让学生更加积极地参与课堂教学，还能提高学生的批判性思维能力，让他们更好地理解并掌握理论知识。互动讨论可以让学生在自我表达的同时，学会倾听他人的观点，这能够培养学生的团队协作精神和社交能力。通过讨论，学生可以从多个视角去看待一个问题，理解各种不同的立场和观点，这对于他们的思考能力和辩证思维能力的培养有着重要的作用。同时，互动讨论能提高学生的学习动机和参与度。相比于传统的讲授式教学，互动讨论让学生变为课堂的主体，他们不再是被动地接受知识，而是主动地去探索和发现，这使学习过程更为有趣和生动。

在互动讨论中，教师首先需要根据课程内容和学生的实际情况，选择与社会热点话题相关的故事或案例，如环保、公平正义、科技伦理等。通过故事讲述，不仅可以展现话题的背景和复杂性，还能够刻画不同立场和角色的冲突，为互动讨论提供丰富的素材。其次，教师应鼓励学生围绕故事中的社会问题、人物行为、道德抉择等方面展开讨论。学生可以分组讨论，也可以采取角色扮演的方式，从不同角色的视角出发，分析问题、提出看法。这种方法有助于学生从多维度理解社会热点话题，培养批判性思维和同理心。在讨论过程中，教师扮演着引导者和协调者的角色，需及时提供必要的信息补充，引导学生深入思考，同时注意调节讨论氛围，确保每位学生都有机会表达自己的观点。通过互动讨论，学生能够加深对社会热点话题的认识，还能够学会如何在不同观点之间进行平衡和选择。最后，教师可以利用现代信息技术，在网络论坛、社交媒体等平台发布讨论主题，扩大讨论的范围。学生可以在这些平台上发表自己的观点，与更广泛的群体进行交流，从而获得更多元的视角和反馈。

（三）课题研究

通过深入挖掘和研究社会热点事件背后的思想文化和价值取向，教师能够设计出贴近学生生活经验、引发学生思考和讨论的教学内容。叙事艺术的运用，在这一过程中尤为关键，它能够将抽象的研究成果转化为生动具体的教学案例，使学生在故事化的学习过程中，对社会热点有更深刻的理解和认识。

在课题研究中，教师首先需要关注当前社会的热点问题，如环境保护、科技伦理、公民权利等，并选择与思政课教学内容相契合的主题进行深入研究。在研究过程中，除了要分析事件本身之外，还需探究事件背后的社会背景、文化因素和价值冲突，从而挖掘出适合教学的思想内容。其次，教师应通过叙事艺术的手法，将研究成果转化为具有吸引力的教学案例。在这一过程中，教师可以创造性地构建故事情境，设计人物角色和情节发展，使研究主题通过故事的形式呈现，增强学生的学习兴趣和参与感。例如，针对环境保护的社会热点，教师可以讲述一位年轻环保志愿者的故事，展现其在环保行动中的挑战与成长，引发学生对环境问题的关注和思考。最后，叙事教学还需注重互动和反思。因此，在故事讲述的过程中，教师应鼓励学生提出问题、分享观点和进行小组讨论，通过互动交流深化对社会热点话题的理解。同时，通过引导学生反思故事中的人物行为和事件结果，促进学生形成自己的价值判断和道德观念。

课题研究与叙事艺术的结合，为思政课教学提供了一条融合理论与实践、知识与情感的有效路径。教师通过对社会热点的深入研究和生动叙述，能够丰富教学内容，增强教学效果，还能激发学生的学习兴趣，培养其批判性思维和社会责任感，对学生的全面发展具有重要意义。

（四）社会实践

思政课叙事教学融入社会热点话题，通过社会实践的路径，能够有效地将理论知识与现实问题相结合，增强教学的实践性和生动性。社会实践作为一种教育手段，能够让学生在实际的社会环境中学习和体验，从而深化学生对思政课理论知识的理解和应用。

在社会实践中融入叙事艺术，可以通过收集和讲述实践过程中的真实故事，将抽象的思政理论以具体、生动的形式呈现给学生。这些故事可能是学生在社会实践活动中的亲身体验，也可能是他们观察、采访得到的关于普通人在特定社会背景下的真实生活片段。教师通过对这些故事的叙述，能够展现理论知识在实际生活中的应用，还能使学生产生情感共鸣，增强他们对社会问题的理解和思考。例如，针对当前社会关注的环保问题，教师可以组织学生进行环保主题的社会实践活动，鼓励学生记录实践过程中遇到的积极行为和现实挑战，并将这些真实故事带回课堂分享。通过叙述这些故事，学生能够将环保理论与实践相结合，还能通过故事中人物的行动和改变，深刻感受到环保行动对社会和环境的积极影响。

社会实践融入叙事艺术教学，不仅使思政课教学更加生动，还能促进学生的全面发展，培养他们的批判性思维、解决问题的能力以及良好的社会道德观。这种教学方式有效地将理论教学与实践活动结合在一起，使学生在参与、体验中学习，在真实的社会环境中成长，为他们成为具有社会责任感和创新精神的现代公民打下了坚实的基础。

三、实现思政课叙事教学与社会热点话题结合的技术技巧

在思政课叙事教学中融入社会热点话题，需要运用一些教学技术和技巧。

（一）创设情境

实现思政课叙事教学与社会热点话题结合的核心，在于创设情境，通过叙事艺术将抽象的思想政治理论与具体的社会实践紧密相连。创设情境的过程，是一个将学生置于某种特定社会、历史或文化背景下，通过叙述与讨论，让学生在模拟的或真实的环境中主动探索、体验和学习的过程。这种教学方法，能够使学生在亲身体验和情感共鸣中，深刻理解和掌握思想政治理论，增强学生对社会热点问题的关注度和分析能力。

在创设情境时，教师需要紧跟社会热点，挖掘其中蕴含的思政教育元素，设计与之相关的教学情境。例如，可以围绕当前社会关注的环保问题、公平正义、科技伦理等热点，构建情境，引导学生进入讨论和思考。通过叙述与这些社会热点相关的真实故事、历史事件或者假想情境，教师引领学生进入一个个具体的教学情境中，让学生在这些情境中遇到问题、分析问题，最终解决问题。例如，面对环保问题，教师可以构建一个由工业污染引起的环境危机情境，让学生扮演不同的角色，如政府官员、企业家、环保志愿者等，并围绕如何解决环境危机展开讨论和角色扮演。通过这样的情境创设，学生不仅能够深刻理解环保的重要性，

还能学习到如何在复杂的社会环境中寻找问题的解决之道。创设情境还需注意情境的真实性和吸引力。真实性是指情境设计需要贴近实际，能够反映社会热点问题的本质和复杂性；吸引力则是指情境需要能够激起学生的兴趣和好奇心，使他们愿意主动参与教学活动。通过真实、有吸引力的情境创设，有效地提升学生的学习动力，增强教学效果。

（二）小组讨论

在高校思政课的叙事教学中，小组讨论作为一种有效的教学手段，对于深化学生对社会热点话题的理解和提升其批判性思维能力具有重要意义。教师通过精心设计讨论话题，结合课程内容和社会热点，如环保问题、科技伦理及公共政策等，可以激发学生的学习兴趣，促进其主动思考和深入探讨，从而加深其对思想政治理论的理解和应用。

在小组讨论的过程中，教师通过提出开放性和具有争议性的问题，引导学生结合叙事教学中的情境和故事，从多个角度审视和分析问题，这有助于学生形成全面、多元的视角，从而在讨论中积极表达自己的观点和见解。此外，通过角色扮演、模拟辩论等多样化的讨论形式，学生可以更加生动、直观地理解问题的复杂性和多维性，进而培养解决问题的能力和创新思维。教师在小组讨论中扮演着引导者和协调者的角色，需要激发和维持学生讨论的热情，还要注意调节小组内部的互动，确保每位学生都有机会参与讨论，保证讨论的广度和深度。通过有效的引导和协调，教师可以帮助学生在尊重和理解他人观点的基础上，建立起自己独立、批判性的思考。讨论结束后，进行的反馈和总结环节对于加深学生对讨论主题的理解同样重要。教师通过让不同小组分享讨论结果和观点，可以促进班级内的知识共享，还能进一步拓展学生的思维视野。在这一过程中，教师应给予学生积极的反馈和建设性的建议，指导学生有效地进行讨论和思考，从而不断提升其沟通和解决问题的能力。

（三）及时更新

在思政课叙事教学中，及时更新教学内容，紧跟社会热点是一项重要的技巧，也是十分必要的。这种做法不仅可以使学生对教学内容保持新鲜感，还可以帮助学生建立与现实世界的联系，增强他们的社会责任感和参与意识。因此，教师应做到以下几点。

首先，教师要密切关注国内外的新闻和社会动态，以及与社会科学相关的最新研究，可以通过订阅新闻源、参加研讨会和学术会议、阅读专业杂志等方式，及时了解社会的发展和变化。其次，教师应将这些最新的信息和知识整合到教学内容中。例如，如果当前的社会热点是环境保护，教师可以引入一些最新的环境问题案例，让学生探讨如何通过政府政策、公民参与、科技创新等方式解决这些问题。最后，教师还应该鼓励学生主动参与这个更新过程。学生可以在课堂上分享他们在网络、媒体上看到的相关新闻或文章，或者介绍一些他们自己关注的社会问题。通过这种方式，学生可以成为教学内容更新的积极参与者，而不仅仅是被动的接受者。

在整个更新过程中，教师还需要注意保持教学内容的深度和广度。不仅要关注社会热点，还要注意将这些热点与历史、文化、经济等更广泛的背景联系起来，让学生能够全面地理解和思考这些问题。教师要不断反思和评估教学内容的更新。这可以通过收集学生的反馈、与同行交流、参与教学研讨等方式来完成。通过不断地反思和评估，教师可以更加明确如何有效地将社会热点融入思政课的叙事教学中，从而提高教学的效果和质量。

（四）名人讲座

名人讲座作为一种叙事艺术的展现，能够将抽象的思想政治理论与名人的亲身经历、见解及其对社会热点的理解和态度结合起来，为学生提供生动具体、形象鲜明的学习内容。教师通过名人的故事讲述，可以将深奥的理论知识转化为学生易于理解和感知的具体案例，增强教学的吸引力和感染力，提升学生的学习兴趣和思政教育效果。

在名人讲座中，叙事艺术的运用并不局限于讲述名人自身的成长经历、工作经验或人生感悟，更重要的是如何将这些个人经历与社会热点话题相结合，以及如何将思政课程的理论知识与这些内容相融合。名人通过口述，可以将社会热点事件的背景信息、发展过程、影响结果以及其中蕴含的道德规范、思想观点、价值取向等以故事化的形式展现出来，使学生在感知名人经历的同时，对社会热点话题有更深入的理解和思考。使用名人讲座实现思政课叙事教学，包括选择与课程内容相关联的名人、精心设计讲座内容以突出叙事元素、运用多媒体手段增强讲座的表现力和互动性。选取的名人不仅应在其领域内有一定的影响力和公信力，更应具备良好的社会责任感和价值观，能够通过其个人经历和见解，传递正能量，引发学生的情感共鸣和思考。在讲座内容的设计上，应注重故事的连贯性和情感的真实性，通过名人与社会热点话题的亲身经历或深刻见解，展现思政课程理论与实践的紧密结合。同时，运用视频、图片、音频等多媒体手段，可以使讲座内容更加生动形象，增强学生的感官体验，提高教学的互动性和参与度。

第四节　红色文化在思政课叙事教学中的应用

一、红色文化

红色文化是在革命战争年代，由中国共产党人、先进分子和人民群众共同创造，极具中国特色的先进文化，蕴含着丰富的革命精神和厚重的历史文化内涵。红色文化是一种重要资源，包括物质文化和非物质文化。

（一）红色文化的界定

关于红色文化的基本界定，主要有以下几个方面。

1.第一种界定

红色文化是广大中国人民在中国共产党的引领下，在争取中华民族解放和自由的历史长河中，以及在中国特色社会主义三大改造阶段，融汇、整合、借鉴和优化了历史上国内外的先进文化成果，最终以马克思列宁主义的科学理论为导向，形成的一种独特的革命文化。

2.第二种界定

红色文化有广义和狭义两种理解方式。从广义上讲，红色文化是指在全球社会主义运动的历史进程中，人们在物质与精神层面达成的程度、表现方式和成就。从狭义上理解，红色文化是指在中国共产党领导下，中国人民在实现民族解放和自由，以及建设社会主义现代化中国的历史实践过程中形成的思想意识形态。

3.第三种界定

红色文化是一种宝贵的财富，涵盖了物质和非物质两个领域。物质层面的红色文化主要是指历史革命遗迹和纪念地点等，如遗物、遗址等；非物质层面的红色文化主要包括井冈山精神、长征精神、延安精神等在内的红色革命精神。

4.第四种界定

红色资源是以红色革命道路、红色革命文化和红色革命精神为主线的集物态、事件、人物和精神为一体的内容体系。

5.第五种界定

"红色文化"可以总结为"人、物、事、魂"四个部分。其中，"人"指的是在革命年代对革命产生了重要影响的革命家以及为革命目标付出生命的烈士；"物"包括革命者使用过的物品，还有他们生活和战斗过的地方；"事"是指那些产生重大影响的革命活动或历史事件；最后的"魂"则是指革命精神，即人们常说的红色精神。

6.小结

本书综合各种理解，倾向于从广义和狭义两个角度认识红色文化的内涵。广义的中国红色文化包括物质文明、精神文明、政治文明、社会文明、生态文明等各种文明形态。狭义的则是特指以文化形态表现出来的，体现社会主义、共产主义方向和目标的文明形态。红色文化最根本的特征是"红色"，它具有革命性和先进性相统一、科学性与实践性相统一、本土化与创新性相统一以及兼收并蓄和与时俱进相统一等特征。

（二）红色文化的形成与发展

红色文化的形成可以追溯到中国革命时期。起初，中国的红色文化源自中国共产党的建党和早期革命运动，以马克思主义为指导，提出了反对帝国主义和封建主义的伟大斗争。

在第一次国共合作时期，尤其是在北伐战争时期，红色文化得到了进一步的发展。这一时期的红色文化主要是革命歌曲、戏剧、诗歌等形式，这些作品极大地激发了人民群众的革命热情，提高了革命斗争的威力。

进入土地革命战争时期，红色文化在中国革命的摇篮——井冈山、瑞金等地得到了空前发展。革命者在艰苦卓绝的斗争中，创作了大量的歌曲、诗词、故事、戏剧等，如《长征组歌》等，它们表达了人民群众的革命理想和坚定的斗争决心。

进入抗日战争时期，延安成为红色文化的重要基地。这里开展了"延安文艺座谈会"，提出了"艺术为人民"的方针，开创了一种以民为本的红色文化。这一时期的红色文化形式更为丰富，包括长篇小说、诗歌、戏剧、电影、绘画等，如《就义诗》等，它们在全国范围内产生了深远影响。

中华人民共和国成立后，红色文化进入新的发展阶段。在社会主义建设和改革开放的过程中，红色文化以不同的形式，如红色歌曲、电影、电视剧等，再次激励起全民族的精神力量，推动中国的社会主义事业不断向前发展。

如今，在社会主义现代化建设的新时期，红色文化以更加丰富和蓬勃的姿态屹立于人们面前，成为中华儿女的精神象征与灵魂指引，为一代又一代人的不懈奋斗提供源源不断的精神动力和支持。

（三）红色文化的主要内容

红色文化的主要内容包含井冈山精神、长征精神、红船精神等。

1.井冈山精神

井冈山精神是土地革命战争时期中国工农红军在革命根据地井冈山地区坚持工农武装割据斗争中，表现出来的不畏艰难险阻，以坚韧不拔的意志去争取胜利的革命精神。

井冈山精神的基本内涵包括以下几点：第一，胸怀理想，坚定信念。对革命理想信念的坚定不移和不懈追求，是井冈山精神的精髓。第二，实事求是，勇闯新路。不唯书、不唯上，注重从实际出发，制定正确的政策和策略，勇于探索中国革命、军队建设和武装斗争的新路子，是井冈山精神的核心内容。第三，艰苦奋斗，敢于胜利。为了人民的利益和革命的需要，勇于吃大苦、耐大劳，生命不息战斗不止，直至夺取胜利，是井冈山精神的重要内容。第四，依靠群众，无私奉献。坚持走群众路线，全心全意为人民服务，是井冈山精神在人生观、价值观和道德情操上的具体体现。

井冈山精神是中国革命精神之源，是中国共产党宝贵的精神财富，是开创中国特色社会主义事业的强大精神动力，鼓舞着一代又一代中国共产党人为党和人民的事业而英勇奋斗。在改革开放和社会主义现代化建设时期，大力弘扬井冈山精神，对加强国防和军队现代化建设，实现中华民族伟大复兴的中国梦和强军梦，具有重要意义。

2.长征精神

长征精神，是中国共产党人和人民军队革命风范的生动反映，是中华民族自强不息的民族品格的集中展示，是以爱国主义为核心的民族精神的最高体现。长征精神为中国革命不断从胜利走向新的胜利提供了强大精神动力。继承和发扬长征精神，对于建设有中国特色的社会主义，实现中华民族伟大复兴的强国梦，具有重大意义。

长征精神的基本内涵包括以下几点：第一，把全国人民和中华民族的根本利益看得高于一切，坚定革命的理想和信念，坚信正义事业必然胜利的精神；第二，为了救国救民，不怕任何艰难险阻，不惜付出一切牺牲的精神；第三，坚持独立自主、实事求是，一切从实际出发的精神；第四，顾全大局、严守纪律、紧密团结的精神；第五，紧紧依靠人民群众，同人民群众生死相依、患难与共、艰苦奋斗的精神。

3.红船精神

红船精神是红色革命精神之一，指的是"开天辟地、敢为人先的首创精神，坚定理想、百折不挠的奋斗精神，立党为公、忠诚为民的奉献精神"。①

1921年，中国共产党第一次全国代表大会在浙江嘉兴南湖的一条游船上胜利闭幕，庄严宣告中国共产党诞生。从此，中国的新民主主义革命就有了坚强的领导者——中国共产党。

中国共产党在红船中诞生这一伟大革命实践所表现出来的精神包括以下几种：中国革命的航船从这里扬帆起航，体现了"开天辟地、敢为人先"的首创精神；中国共产党的诞生，使中国革命从此有了坚定的理想信念和强大的精神支柱，体现了坚定理想、百折不挠的奋斗精神；中国共产党从诞生的那天起，从来就不是为了自己的私利，而是以全心全意为人民谋福利为根本宗旨，体现了"立党为公、忠诚为民"的奉献精神。

上述为红船精神三个方面的内涵，百年来，红船精神一直激励和鼓舞着中国共产党站在历史的高度，走在时代的前列，带领全国人民不断取得革命、建设和改革的一个又一个胜利。

---

① 习近平.弘扬"红船精神" 走在时代前列 [N].光明日报，2005-06-21（3）.

二、红色文化在当代教育教学领域的重要性

大学生群体是民族振兴和社会发展的未来与希望,他们是否能够坚持正确的理想信念和树立正确的责任担当意识,直接关系到我国能否成功实现社会主义现代化建设。

将红色文化与当代高校的教育工作结合起来,不仅可以实现红色资源教育价值的有效传达,还能具体体现红色资源的丰富内涵。将红色文化融入大学生教育,不仅有助于大学生这一特殊群体树立正确的政治观、人生观和价值观,还有助于培养和提高他们的文化素养。

红色文化既是过去光荣革命传统的深刻印记,也是当下推动国家建设和社会发展的不竭动力。针对当代大学生的年龄特点和接受习惯,将红色文化与大学生教育融合在一起,以红色资源为载体,将其作为优化大学生教育的重要媒介,是探索和创新教育模式的有益尝试。而且随着国际化趋势逐渐明显,来我国留学的海外学生越发增多。"依托红色文化资源在中国大学生价值观认同和文化自信培养方面的有效运用,向留学生介绍红色文化,打破留学生跨文化教育的敏感区,激发他们对中国红色文化的兴趣,进而推进留学生对中国红色文化的心理认同,有助于红色文化资源的国际传播,向世界展示中国实践背后的思想力量和精神力量。"[1]

(一)红色文化是创新教育形式的必然要求

红色文化作为中国共产党领导中国人民进行革命、建设和改革的精神象征和文化遗产,已经融入中华民族的血脉之中。

它以其丰富的内容和深远的影响力,为创新教育形式提供了强大的支撑和广阔的空间。这是因为,红色文化本身就具有鲜明的时代特色和教育意义。它的产生、发展和变迁,都是在特定的历史时期、特定的社

---

[1]　宗骞.国际学生感知中国第二课堂[M].上海:同济大学出版社,2021:48.

会环境中完成的，充满了鲜明的时代背景和社会内容。这为人们提供了丰富的教育素材，有助于提高教育的实效性和针对性。红色文化具有深远的教育影响力。它不仅传递了革命先烈的伟大精神，还通过丰富的文化形式和表现手法，影响和塑造了几代人的价值观和人生观。红色文化与教育创新有着内在的联系。教育创新不仅仅是教学手段和方法的创新，更重要的是教育理念和教育内容的创新。而红色文化正是这种教育内容创新的重要资源，它的利用和挖掘，有助于推动教育创新的深入进行。红色文化是实现教育目标的重要手段。通过红色文化的教育，教师可以使学生更深入地理解和掌握马克思主义的基本理论，培养他们的社会主义核心价值观，提高他们的思想道德素质，这是实现社会主义现代化建设教育目标的必然要求。

总之，红色文化是创新教育形式的必然要求，是进行现代教育改革和发展的重要依据和指导，也是培养社会主义新人的重要手段。教师必须充分利用和发挥红色文化的教育价值，以推动教育事业的健康发展。

（二）红色文化是丰富教育内容的重要尝试

红色文化作为中国革命和建设的文化遗产，凝结了中华民族的伟大精神。它是丰富教育内容、提高教育效果、推动教育创新的重要尝试。

1.红色文化是充实和丰富教育内容的有效方式

红色文化承载着中国人民艰苦奋斗、无私奉献的精神风貌，蕴含了丰富的历史素材和文化内涵。将红色文化融入教育教学中，可以使教育内容更加丰富多元，使学生在了解历史的同时，学习和继承红色文化中的优秀品质和精神风貌。

2.红色文化是提高教育效果的重要途径

红色文化所蕴含的红色精神和价值观，对于激发学生的爱国情感，使学生树立正确的世界观、人生观和价值观，具有重要作用。教师通过红色文化教育，可以激发学生的爱国热情，引导他们将个人的理想和国家的事业紧密相连，为实现中华民族伟大复兴而不懈努力。

3.红色文化是推动教育创新的重要动力

在当今社会，红色文化的教育价值被越来越多的人所认识，它不仅在传统的教育教学中发挥着重要作用，而且在新型的教育方式中，如网络教育、体验式教育、主题教育等方面，发挥着不可替代的作用。红色文化的广泛运用，为教育创新提供了丰富的素材和灵感。

三、思政课叙事教学加入红色文化的路径

红色文化是中国革命历史的重要组成部分，具有丰富的思想内涵和历史价值。将红色文化融入思政课叙事教学中，不仅能够增强学生的思想教育效果，还能激发学生对革命历史的浓厚兴趣。思政课叙事教学加入红色文化的路径如图6-4所示。

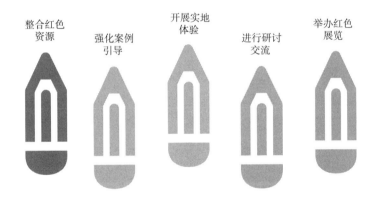

整合红色资源　强化案例引导　开展实地体验　进行研讨交流　举办红色展览

图6-4　思政课叙事教学加入红色文化的路径

（一）整合红色资源

高校思政课在叙事教学中融入红色文化，是培养学生爱国情感、革命精神和社会主义核心价值观的有效路径。红色文化作为中华民族的宝贵精神财富，承载着革命先辈的理想信念、英雄事迹和宝贵经验，对于激发学生的爱国热情、弘扬民族精神、培养社会主义建设者和接班人具有重要意义。通过整合红色资源，思政课叙事教学能够将红色文化的精

神内涵和历史价值生动呈现出来，增强教学的吸引力和感染力，进而有效提升教学效果。

在实践操作中，教师可以采取多种方式整合红色资源，创新叙事教学方法。例如，结合红色故事和历史人物，通过讲述革命历史中的感人事迹、英雄人物的生平和革命理想，让学生在故事中感受革命前辈的坚定信念和英勇奋斗，以及让学生了解历史事实，深刻理解其中蕴含的精神价值和道德情操，激发其爱国情感和社会责任感。同时，教师可以利用红色影视作品、文学作品和艺术作品等多种形式的红色资源，丰富叙事教学的内容和形式，提高学生的学习兴趣。通过观看红色电影、阅读红色文学或欣赏红色艺术作品，学生可以更直观、更深入地理解红色文化的历史背景和精神内涵，增强叙事教学的情感共鸣和思想深度。组织学生参观红色教育基地、纪念馆等实地学习活动，是整合红色资源、深化叙事教学的重要方式。通过亲身体验红色文化的历史场景，学生能够更加直观地感受革命先辈的伟大精神和光荣传统，从而在内心深处树立正确的历史观、民族观、国家观。

在整合红色资源的过程中，教师需要根据教学内容和学生特点，精心选择和设计叙事内容，使红色故事与思政课教学目标紧密结合，确保叙事教学既有历史的真实性，又有理论的深度，同时注重情感的引导和价值的引领。通过这种方式，红色文化作为叙事教学的内容被传递，更以其独特的精神和价值观影响和塑造着学生，促进学生全面发展。

（二）强化案例引导

在思政课叙事教学中融入红色文化，强化案例引导是一种重要手段。红色故事以其深刻的历史内涵和丰富的人性色彩，成为传递红色精神的有力载体。通过精心挑选具有代表性和启示性的红色故事，教师能够有效地引导学生深入理解和感受红色精神的核心价值。这些故事不仅仅是历史的记载，更是一种精神的传承，一种力量的源泉，能够激发学生的爱国情感和社会责任感。

案例引导的教学过程中，教师可以运用多种叙事技巧，如故事讲述、角色扮演、情景模拟等，使学生在沉浸式的学习环境中，体验历史，感受红色精神。通过这种方式，学生能够在知识层面获得理解，更重要的是在情感层面获得共鸣，从而深刻领悟红色文化的深远意义。教师还可以组织学生进行讨论和辩论，以案例为基础，探讨红色精神在当代的实践意义和应用。这有助于促进学生对红色文化的全面理解，还能够培养学生的批判性思维和创新能力。通过对红色故事的深入挖掘和思考，学生能够更好地理解革命历史的复杂性和多样性，提升自身的历史观念和社会责任感。

（三）开展实地体验

将学生带入历史事件发生的地点，借助环境的原貌和历史的痕迹，直观地展现红色文化的历史场景和革命精神，可以增强教学的现实感和感染力，让学生在亲身体验中感受红色文化的魅力，从而达到教育目的。

实地体验活动的开展，需要精心策划活动内容和路线，确保每一站都能紧密联系红色文化核心价值，同时与叙事教学内容相呼应。例如，参观红军长征的重要节点、革命历史遗址或红色教育基地，让学生在实地感受历史的氛围，通过讲解员或教师的现场讲解，将红色故事与具体地点相结合，使叙事更加生动和真实。在实地体验过程中，教师可以引导学生通过角色扮演、模拟重现等方式，参与红色故事的叙述，让学生从旁观者变为参与者，通过自己的角色体验和行动，深入理解红色文化背后的历史意义和精神内涵。这种亲身参与的体验，能够激发学生的学习兴趣，还能加深学生对红色文化的情感认同。

（四）进行研讨交流

红色文化作为中华民族的宝贵精神财富，其深厚的历史底蕴和鲜明的时代特色，为思政课提供了丰富的教学资源。叙事教学依托其生动的故事情节和人物形象，能够将红色文化的精神内涵和价值理念有效传达给学生，进而激发学生的情感共鸣和思想共鸣。

　　进行研讨交流是叙事教学中不可或缺的环节。教师通过组织学生围绕红色故事、红色人物进行深入的研讨和交流，能够加深学生对红色文化知识的理解和掌握，还能够促进学生批判性思维和创新意识的培养。具体而言，研讨交流可以从以下几个方面入手。

　　第一，故事背景的深入探讨。教师可以引导学生深入了解红色故事背后的历史背景、社会环境和文化传统，帮助学生建立起对红色文化深层次的认识和理解。第二，人物形象的深度剖析。教师通过对红色人物的行为动机、性格特点和精神风貌的分析，可以引导学生探讨红色人物的精神品质和时代价值，从而在学生心中树立起积极向上的价值观念。第三，理念价值的实践探讨。在研讨交流中，教师可以鼓励学生将红色文化中蕴含的理念价值与当代中国社会的发展实践结合起来，探讨红色文化在新时代的传承和发展路径。第四，情感体验的共享交流。研讨交流不仅仅是知识的传递和思想的碰撞，更是情感体验的共享。通过分享学习红色文化过程中的感悟和体验，学生可以更加深刻地理解红色文化的精神内涵，增强学习的情感共鸣。

　　进行研讨交流的过程，是一个互动性强、参与度高的学习过程。在这一过程中，学生不仅能够主动寻求知识、深化理解，还能够在交流互动中培养沟通能力、团队协作能力和社会责任感。同时，教师在研讨交流中可以实时了解学生的学习状况和思想动态，及时调整教学策略，使教学内容和形式更加贴近学生实际，提高教学效果。

　　（五）举办红色展览

　　举办红色展览作为实践路径之一，主要是通过具象的视觉展示与情境再现，为学生提供直观深刻的学习体验，从而激发学生的爱国情感与历史责任感。红色展览不仅仅是物理空间的展示，更是一次情感与思想的交流，一种叙事艺术的实践。

　　红色展览通过珍贵的历史文物、生动的图片、翔实的文字描述以及各种多媒体技术的辅助，构建起一个个鲜活的红色故事。这些故事围绕革命先烈的英勇事迹、重大历史事件的发生经过以及社会主义建设的辉煌成就等内容展开，每一个展项都是一个故事的载体，每一个故事都蕴含着丰富的思想情感和深刻的历史意义。展览中的每一件展品都像是历史的见证，让学生能够跨越时空的界限，直接触摸那个时代的气息，感受革命先辈的伟大精神和坚定信念。红色展览的叙事艺术在于能够将抽象的思想政治理论与具体的历史人物、事件紧密结合，通过叙述历史的方式引导学生进入一个个具体的历史情境中，使学生在感性认识的基础上达到理性理解。在这个过程中，学生不仅是被动接受知识的对象，更是通过观察、思考、讨论、体验成为主动探索历史的主体。通过这种方式，红色展览实现了思政教育的情感化、生活化，增强了学生对思政课内容的认同感和接受度。

1.创设主题教学展览

在校园内或教学楼中设立展览区域，展示与思政教学内容相关的红色文化主题，如中国革命历史、共产党的奋斗历程、英雄人物事迹等，能够为学生提供直观的学习体验。展览采用图片、文字、实物及多媒体等多种形式，不仅展现了红色文化的丰富内涵，还增强了故事性和情感性。学生在参观展览过程中，不只是视觉的观赏，更是一种心灵的触动，能够深刻感受到红色文化的力量和精神内核。这种亲历式的学习方式，能够有效激发学生的兴趣和情感共鸣，促进其对红色文化价值的认同和内化，进一步加深其对思政课程教学内容的理解和感悟。

2.教学活动与展览结合

安排学生参观红色文化展览区域，增强学习的直观性和互动性，促进学生对红色文化精神的深入理解。在参观过程中，学生能够近距离接触红色历史文物和展板，通过观察和体验，将抽象的红色精神具体化、形象化。教师引导下的讨论和互动，能够激发学生围绕展览内容思考和思辨，进一步促使学生将马克思主义理论与红色文化的实践相结合，加深对思政教育内容的理解。此外，此类活动还有助于培养学生的历史责任感和使命感，通过红色文化的传承与发扬，引导学生形成正确的价值观和世界观。

3. 学生参与展览策划

教师可以鼓励学生参与红色文化展览的策划和组织工作。学生可以在指导教师的指导下，选择相关主题、搜集资料、设计展示方式等，积极参与展览的各个环节。这不仅能够提升学生的组织能力和创新意识，还能够使他们更加深入地了解红色文化的内涵和价值。

4. 利用新媒体手段进行宣传

在展览前后，展览方可以通过校园媒体、社交媒体等渠道，积极宣传展览的相关信息和内容，如制作宣传视频、校园海报，在微信公众号发表文章等，引导学生和师生广泛关注和参与。同时，新媒体的互动功能，可以促进展览内容的讨论和分享，扩大思政教育和红色文化的影响力。

5. 开展相关讲座和研讨会

在展览期间，展览方可以邀请相关专家、学者或具有红色文化背景的人士举办讲座和研讨会，探讨思政教育和红色文化的重要性和现实意义。这不仅可以为学生提供更广阔的学术视野，还能够促进学生与专家的交流互动，拓展学生的思维。

第七章　思政课叙事艺术与学生主体性培养的相关性分析

第一节　思政课叙事艺术对学生主体性发展的影响

一、主体性

主体性是一个哲学和社会科学中常用的术语，它主要涉及个人或团体的能力和自由去行动、思考和做决定。

持主体性观点的学者认为每个个体都是其行为和决策的主导者，而非单纯被动接受外在影响或规则的从属者。在不同的领域中，主体性的定义和含义可能会有所不同，以下是一些主要的核心元素，主要包括自我决定性、自我意识、独立思考、行动能力等方面。自我决定性：主体性最关键的一部分是自我决定性，即个体对自己行动的选择和决定具有最终的控制权。在很大程度上，这也意味着个体有能力对自己的行为负责。自我意识：主体性也涉及自我意识，这是指个体对自身存在和经验的认知。具有高度自我意识的个体能更好地理解自己的情绪、价值观和欲望，从而更有效地做出决策。独立思考：主体性强调个体的思考应该独立自主，不受他人或社会压力的影响。这也包括对规则和权威的质疑，以及对新想法和观点的接纳。行动能力：主体性不仅在于思考，也在于行动。即个体需要有能力将自己的决定转化为实际的行动。

主体性是个体和集体自主、独立和自我决定的重要概念。这是一种使个体能够有效参与社会、政治和经济活动的基本能力。主体性的强弱可以影响个体的自我价值、成就感和幸福感，也是权力平等和社会公正的重要基础。在教育、心理咨询、工作场所和其他环境中，提升主体性都是一个重要的目标。

对于学生尤其是大学生群体而言，树立主体性意识至关重要。学生是未来社会的主体，他们的思想、观念、技能和才能将影响社会的发展。因此，培养他们的主体性能使他们在未来更好地应对社会挑战，形成独立思考和解决问题的能力。而大学生的主体性培养是一个长期的过程，需要教育者、学生和社会的共同努力。

二、思政课叙事艺术对学生主体性发展的影响

叙事教学通过故事讲述、信息传递及观念构建，为学生提供了理解世界的丰富多元的方式。优秀的叙事不仅传递知识信息，更能触动学生的情感，唤起他们对知识的兴趣，从而激发学生的主观能动性，有利于学生主体性的发展。叙事艺术在思政课教学中的应用，通过引人入胜的故事情节、鲜明的人物形象及深刻的情感体验，使理论知识不再枯燥，生动地呈现在学生面前。这种教学方式能够促使学生在情感上产生共鸣，思想上产生认同，进而积极参与课程学习，主动探索和思考。在叙事的过程中，学生并不是被动接受知识的对象，而应成为主动构建知识、感受情感、形成见解的主体。

（一）叙事艺术可以帮助学生理解和认识复杂的社会现象和观念

思政课教学中融入叙事艺术，通过生动的故事讲述，为学生提供了一个理解和认识复杂社会现象和观念的有效途径。叙事艺术的应用，丰富了思政教育的形式和内容，促进了学生主体性的发展，帮助学生在思考和反思中形成对社会现象和观念的深刻理解。

叙事艺术通过构建具体的故事情境，使抽象的社会理论和观念具象化，更易于学生理解。故事中的情节发展、人物关系以及冲突解决等元素，为学生提供了思考和理解复杂社会现象的窗口。通过对故事中的社会现象进行观察和分析，学生能够在具体情境中掌握抽象的社会理论，从而加深对这些理论和观念的认识。叙事艺术的情感共鸣效应，是帮助学生理解和认识社会现象和观念的另一个重要机制。故事中的人物和情节能够触动学生的情感，通过情感的共鸣，促进学生对社会现象和观念的深层次认同。情感的共鸣不仅增强了学生对知识的吸收，还激发了学生的道德情感，使其在情感层面对社会正义、道德规范等产生了深刻的理解和认识。

叙事艺术为学生提供了一个多角度、多维度思考社会现象的平台。通过故事中不同角色的视角，学生能够从多个方面理解和分析同一社会现象。这种从多角度审视问题的能力，是学生主体性发展的重要组成部分，有助于学生形成独立的思考和判断能力，提高学生对复杂社会现象和观念的认识能力。叙事艺术在思政课中的运用，还促进了学生主动学习和自我表达能力的形成。故事的叙述和讨论激发了学生的学习兴趣，促使学生在学习过程中主动寻找信息、提出问题和表达自己的观点。这种主动探索和表达的过程，有助于学生深化对社会现象和观念的理解，还能促进学生主体性的发展，培养学生的独立思考能力和自信心。

（二）叙事艺术可以激发学生的情感，增强他们的主观能动性

传统意义上，教育往往过于强调理性知识的传授，忽视了情感对学习的影响。如今越来越多的研究显示，情感对于学习的理解、记忆和动

机都有重要影响。例如，人们更容易记住那些能够引发强烈情绪反应的信息，往往对那些与情感经验有关的知识有更深刻的理解，往往对那些能引发兴趣和激情的任务有更强的动力。

叙事艺术通过情节的铺展、人物的刻画以及情感的传递，能够有效地激发学生的情感，进而增强学生的主观能动性。在教学过程中，叙事艺术不仅是知识传递的载体，更是情感交流和价值引领的桥梁，为学生提供了丰富的情感体验和思想启迪，促进了学生主体性能力的发展。

叙事艺术激发情感的过程，本质上是一个情感共鸣和情感教育的过程。故事中的情节能够引起学生的好奇和兴趣，人物的经历和选择能够触动学生的情感，情感的波动和冲突能够促使学生产生共鸣。这种共鸣建立在对故事情节的兴趣上，更重要的是建立在对人物命运的关注和对价值选择的思考上。通过故事，学生能够感受到人物的喜怒哀乐，理解人物面临的道德和选择的困境，从而在情感上与人物建立起联系，实现情感的共鸣和情感的教育。情感的激发进一步增强了学生的主观能动性。主观能动性体现在学生对知识的主动探索、对价值的自主判断和对行为的自我引导上。叙事艺术通过情感的激发，使学生在情感上产生了对知识的渴求、对价值的追求和对行动的驱动。在故事的引导下，学生通过与故事的互动，主动探索知识，形成个人的价值观和行为准则。这一过程既加深了学生对思政课内容的理解和接受，也培养了学生的批判性思维能力和创新能力，提升了学生的主体性能力。叙事艺术在思政课中的应用，还为学生提供了一个多元化的价值观展现平台。通过不同背景、不同性格的人物故事，学生能够接触多样的社会现象和价值冲突，从而拓宽视野，并在多元价值观的比较和思考中，形成自己的价值判断和价值选择。这一过程增强了学生的主观能动性，使学生在思考和选择中成长，成为具有独立思考能力和价值判断能力的个体。

（三）叙事艺术可以促进学生的思考和反思

思政课程作为高校教育体系中的重要组成部分，旨在通过理论教学与实践活动相结合的方式，培养学生的思想政治素质和道德品质。在这一过程中，叙事艺术的运用丰富了思政教育的表现形式，还为学生提供了一个通过思考和反思来深化理解和内化知识的有效途径。

叙事艺术通过故事的形式，将抽象的思政理论知识具象化、情境化，使学生能够在具体的情境中感知和体验，从而引发学生的思考。在故事叙述过程中，学生并不是被动接受知识的对象，而是通过主动想象、感知和体验，参与故事情境的主体。这种主动参与的过程，使学生能够从自身的生活经验出发，与故事中的情境、人物、事件产生共鸣，进而在思考中建立起对理论知识的深刻理解。

叙事艺术的应用，不仅仅是为了讲述一个吸引人的故事，更是通过故事中的冲突、矛盾和解决过程，激发学生的批判性思维。在思政课程中，教师通过叙述具有挑战性的社会现象、历史事件或道德困境等，可以引导学生进行深入的思考和探讨，不断地对已有的知识、观念和价值进行反思和审视。这种思考和反思不仅限于对故事情节的分析，更重要的是通过故事引发的对自我、社会和历史的深层次反思，促进学生形成更加成熟和全面的世界观、人生观和价值观。叙事艺术在思政课中的应用，还能够有效促进学生情感的共鸣和道德的感悟。故事中的人物和事件，能够触动学生的情感，使其在情感共鸣的基础上，对人物的选择和行为进行思考和评价，从而在情感上认同和内化故事中所蕴含的道德观念和价值取向。这种基于情感的思考和反思，更容易达到教育的深层次影响目标，促进学生道德素养的提升和人格的成长。

（四）叙事艺术可以帮助学生构建自己的知识结构和世界观

叙事艺术能够吸引学生的注意力，激发其学习兴趣，还能帮助学生在情感共鸣和认知参与中，构建自己的知识结构和世界观。

叙事艺术通过将抽象的思想政治理论以具体、形象的故事形式呈现，使学生能够在具体情境中理解和消化这些理论，从而促进理论知识与学生个人经验的融合。通过故事中情节的推进、人物的冲突与解决，学生不仅能够见证理论知识在实际生活中的应用，还能够在此过程中反思自我，逐步构建和完善自己的知识结构。同时，叙事艺术在传达思想政治理论时，往往伴随着情感的表达和价值的引领，这种情感的共鸣和价值的认同，有助于学生在情感层面与理论知识产生深度联系，从而在内心深处形成对社会主义核心价值观的认同，并在认识、情感、行为上与规范趋于一致。这种情感上的共鸣和认同，是学生构建世界观的重要基础，也是推动学生主体性发展的关键因素。

第二节 学生主体性培养与思政课叙事艺术的互动效应

一、运用思政课叙事教学方法进行学生主体性培养的路径

叙事教学方法在思政课中的应用，对学生主体性的培养具有深远的影响。在这个过程中，叙事教学方法的一些关键要素，如故事的引人入胜、情感的触动以及对思考的启发，都为学生主体性的培养提供了可能性。

（一）思政教师群体进行叙事教学的学习与培训

对于思政教师来说，进行叙事教学需要他们具备一定的故事叙述能力，以及对学生思想动态的敏锐洞察力。因此，思政教师群体进行叙事教学的学习与培训非常重要。这包括对叙事教学理论的学习、对叙事教学技巧的培养、对叙事教学素材的收集和创新以及对叙事教学效果的评价和反思。

首先，教师要深入理解叙事教学的含义、特点、类型和功能以及叙事教学与学生主体性发展的内在关联。教师需要理解，叙事教学并非简单地讲故事，而是一种把学生引入故事情境中，使学生从故事的角色、情节和冲突中学习和反思的教学方法。叙事教学要求教师以故事为载体，引导学生主动思考，体验情感，形成自我发展能力。

其次，教师要知道如何选择和设计故事，如何设置情境，如何引导学生的思考和情感体验，如何组织和引导学生的讨论和反思。教师需要掌握以故事语言叙述复杂的思政理论，以故事情境激发学生的情感和思考，以故事冲突引发学生的反思，以故事角色促进学生的自我建构和成长的方法。

再次，教师要收集和整理各类与思政课程内容相关的故事素材，包括历史故事、人物故事、社会故事、文学故事等。教师需要结合教学内容和学生特点，创新和改编故事素材，以适应叙事教学的需要。他们还需要掌握如何从故事中提炼和深化思政理论，如何以故事呈现思政理论的生活化和人性化，如何以故事激发学生的认同感和自我感。

最后，教师要定期对自己的叙事教学进行评价和反思，包括对故事选择和设计的合理性、对情境设置和引导的有效性、对学生思考和情感体验的深度、对学生讨论和反思的广度、对学生主体性发展的影响等。教师需要对叙事教学的优点和缺点、成功和失败、得失和改进进行深入的反思和研究。

（二）校内主管部门对叙事教学进行提倡与鼓励

叙事教学作为一种教学创新方法，为思政教育提供了新的视角。因此，校内主管部门对叙事教学的提倡与鼓励显得尤为重要。这涉及从宏观到微观的多个层面，包括制度支持、资源配置、教学研究、教学评价等方面。

1.制度支持方面

校内主管部门在制度支持方面的工作，是推动叙事教学在思政课中有效实施的重要环节。通过这些工作，校内主管部门可以为教师提供一个良好的工作环境，激励他们积极投入叙事教学的实践中，从而达到提高思政课教学效果、培养学生主体性的目标。

校内主管部门需要考虑叙事教学的特点和要求，合理规划教学时间和进度，以保证教师有足够的时间进行叙事教学；要将叙事教学的要求纳入课程标准，使教师在设计和实施教学活动时，可以遵循这些标准；要提供足够的资源支持，包括提供叙事教学素材、设立叙事教学研究基金、提供叙事教学培训等；要鼓励和支持教师进行叙事教学的研究，通过研究成果的分享和交流，推动叙事教学的持续改进和发展。

2.资源配置方面

资源配置对思政课教学起着至关重要的作用。为了使叙事教学在思政课中得以有效实施，校内主管部门需要在资源配置方面给予高度的关注和支持。

物质资源是实施叙事教学的基础。校内主管部门需要提供适合叙事教学的教学设施和设备，如多媒体教室、语音实验室、录音设备等，这些设备不仅能够满足叙事教学的基本需求，还能够提升叙事教学的质量和效果。例如，多媒体教室可以帮助教师更直观地展示教学内容，使学生更直观、更具体地理解教学内容；语音实验室和录音设备可以帮助教师和学生记录和分析语言表达，提升语言表达的效果。

教学资源的配置也是至关重要的。教学资源的配置包括教学材料的收集、整理和更新，教学案例的挖掘和分享，教学研究的支持和鼓励等。例如，校内主管部门可以建立叙事教学素材库，收集和整理各类适合叙事教学的素材，供教师自由选择和使用。校内主管部门还可以建立教学案例库，收集和分享成功的教学案例，供教师学习和借鉴。对于教学研究，校内主管部门可以设立专项基金，支持和鼓励教师进行叙事教学的研究和创新。

人力资源是叙事教学成功实施的另一重要因素。校内主管部门需要提供相关的培训和指导，帮助教师掌握叙事教学的理念和方法，提升他们的叙事教学能力，还需要通过合理的激励机制，鼓励教师积极投入叙事教学的实践中。

总的来说，通过合理有效的资源配置，校内主管部门可以为叙事教学的实施提供强大的支持，推动叙事教学在思政课中的广泛应用和深入发展，从而提高教学效果，促进学生主体性的培养。

3.教学研究方面

对于叙事教学而言，教学研究不仅可以帮助教师掌握和精进叙事教学的理念和方法，还可以推动叙事教学的创新和发展。

校内主管部门可以发挥积极的主导的作用。校内主管部门可以组织和支持教师进行叙事教学的研究。这可能涉及为教师提供研究资金、为教师提供研究时间、为教师提供研究指导等。例如，校内主管部门可以设立教学研究基金，支持教师对叙事教学进行深入的理论研究和实证研究；可以设立教学研究时间，让教师有足够的时间进行研究；还可以邀请叙事教学的专家和学者，为教师提供研究指导和帮助。校内主管部门也可以组织教师分享和交流叙事教学的经验和心得。这可能涉及组织教学研讨会、组织教学观摩活动、组织教学分享会等。例如，校内主管部门可以定期或不定期地组织教学研讨会，让教师有机会分享他们的教学实践，交流他们的教学经验，反思他们的教学问题。通过这种方式，教师可以从中学习到新的教学方法，找到教学中的问题，找出教学的改进策略。

除此之外，校内主管部门还可以努力构建教师的共同体和学习社区。这可能涉及组织教师培训活动、建立教师交流平台、建立教师合作网络等。例如，校内主管部门可以组织定期的教师培训活动，让教师有机会学习新的教学理念，提升教学技能；还可以建立教师交流平台，让教师能够方便地交流教学经验，分享教学材料，讨论教学问题。通过这些举措，校内主管部门可以有效地推动叙事教学的研究，促进叙事教学的实践，提高叙事教学的效果，从而为学生的主体性培养提供有力的支持。

4.教学评价方面

在教学评价方面，校内主管部门可以发挥重要的作用。

第一，校内主管部门可以优化教学评价的标准，将叙事教学的实施效果纳入评价的重要指标。这可能涉及对教学目标的明确、对教学内容的考查、对教学方法的评估、对教学效果的测量等。例如，校内主管部门可以在教学评价的标准中加入叙事教学的要素，如故事的质量、情节的连贯性、人物的形象性、情境的生动性等；也可以在教学评价的标准中考查叙事教学的效果，如学生的理解程度、学生的参与度、学生的情感反应、学生的思考深度等。

第二，校内主管部门可以创新教学评价的方法，将教学评价与叙事教学的特点和要求结合起来。这可能涉及采用直接的和间接的评价方法、采用定性的和定量的评价方法、采用形式的和非形式的评价方法等。例如，主管部门可以引入案例分析、角色扮演、模拟研讨、反思日志等评价方法，以更全面、更深入、更生动的方式评价叙事教学的效果。

第三，校内主管部门可以高效运用教学评价的反馈，为教师和学生提供实时和准确的信息，以便他们调整教学和学习策略。这可能涉及提供及时的反馈、提供详细的反馈、提供建设性的反馈等。例如，校内主管部门可以设立反馈系统，将教学评价的结果及时反馈给教师和学生，让他们知道叙事教学的优点和不足，进而调整教学和学习的策略。

第四，校内主管部门可以根据教学评价的结果进行教学改进，以提高叙事教学的效果和质量。这可能涉及改进教学计划、改进教学方法、改进教学资源、改进教学环境等。例如，校内主管部门可以根据教学评价的结果，对教学计划进行修改和调整，对教学方法进行改良和创新，对教学资源进行优化和扩充，对教学环境进行改善和提升等。

（三）教育部门定期组织叙事教学评比赛事

教育部门定期组织叙事教学评比赛事，是提升叙事教学质量、推广叙事教学理念、加强教师教学技能的重要举措。这样的赛事可以在全校甚至全国范围内进行，覆盖各个学科和专业，引起广大教师和学生对叙事教学的重视和关注。

通过叙事教学评比赛事，教育部门可以设立一个公平、公正、公开的平台，让教师展示他们的叙事教学能力和创新思维。在比赛过程中，教师不仅要展示他们的教学设计、教学实施、教学评价等全方位的教学能力，还要展示他们如何运用叙事教学方法激发学生的主体性，如何引导学生进行深度思考，如何促进学生的情感共鸣等。这样，教师的叙事教学实践能够得到全面、深入、多角度的展现和检验。叙事教学评比赛事可以推广叙事教学理念和方法，让更多的教师和学生了解和接受叙事教学。在比赛过程中，优秀的叙事教学案例将被展示出来，形成具有示范和引导作用的教学模式。这不仅可以帮助教师了解和学习叙事教学的理念和方法，还可以让学生体验和感受叙事教学的魅力和效果。通过这样的方式，叙事教学理念和方法可以得到广泛的传播和推广。而且叙事教学评比赛事还可以加强教师的教学技能和教学素养。在比赛中，教师不仅要竞争，还要合作；不仅要展示，还要学习；不仅要表达，还要反思。这样，教师的教学技能和教学素养得到了锻炼和提升，他们的教学视野得到了开阔，他们的教学理念得到了深化。

涉及具体的实践环节，有关部门需要按照以下步骤进行。首先，教育部门需要进行详细的规划和准备工作。这包括确定比赛的目的、主题、形式、规模、时间等关键要素。还需要搭建比赛的组织架构，如设立比赛组委会，负责比赛的组织和实施；设立评审委员会，负责比赛的评审和评选等。其次，进行比赛的宣传和报名。教育部门可以通过各种渠道进行广泛宣传，如学校官网、社交媒体、新闻发布会等，以便引起广大教师和学生的关注，从而使其参与进来。同时，设立简便的报名程序，鼓励和方便教师和学生的报名参赛。再次，组织比赛的实施和评选。在比赛过程中，教育部门应保证比赛的公平、公正、公开，让所有参赛者有公平的展示和竞争机会，并通过专业的评审团队进行严谨的评审和评选，确保比赛的权威性和公信力。比赛结束后，公布比赛结果，并对获奖者进行表彰和奖励，同时将优秀的比赛作品进行公开展示和推广，如在学校官网发布、在教学研讨会上分享、在专业刊物上发表等。最后，进行比赛的总结和反思。通过对比赛过程和结果的总结和分析，了解比赛的优点和不足，从而为下一次比赛的组织和实施提供经验和借鉴。

这样的比赛实践，不仅可以提升教师的叙事教学能力，推广叙事教学理念，还可以激发更多教师和学生对叙事教学的兴趣和热情，有助于建立更加开放、活跃和富有创新的教学氛围。

二、学生主体性反作用于思政课叙事教学方法的方式

提高学生的主体性是叙事教学方法的目标，学生主体性的发挥反过来也影响叙事教学的实施。学生主体性反作用于思政课叙事教学方法的方式如图7-1所示。

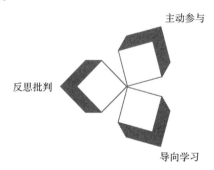

主动参与

反思批判

导向学习

图7-1 学生主体性反作用于思政课叙事教学方法的方式

（一）主动参与

在学生主体性的激发中，主动参与是一种必要的方式。因为这可以提高学生对教学内容的理解，而且这种参与有助于激发学生的兴趣和动力。对于思政课叙事教学而言，学生的主动参与可以更好地促进他们对课程主题的理解和消化。

学生的主动参与意味着他们将扮演更为积极的角色。在这种情况下，他们不再是被动的接受者，而是教学过程的共同创造者。他们可以通过提出问题、参与讨论、进行小组合作等方式，积极地参与教学过程。在这个过程中，他们不仅能够吸收新的知识，还可以在实际的操作和互动中锻炼自己的沟通能力、团队协作能力和创新思维能力。

学生的主动参与也会为教师提供更多的反馈信息，帮助教师更好地理解他们的需求和问题。基于这些反馈，教师可以及时调整教学策略，使之更符合学生的实际需求。教师还可以通过引导学生参与教学决策，进一步提升学生的学习动机和主体性。

更为重要的是，叙事教学本身就是一种重视学生参与的教学方式。通过讲述和重塑故事，教师可以引导学生从多个角度和层面去理解和思考问题。学生则可以通过参与故事的创建和解读，将自己的思考和理解融入故事中。这种方式不仅可以帮助学生深入理解教学内容，也可以让他们在实际的操作和创作中，体验和锻炼自己的主体性。

因此，学生的主动参与对于思政课叙事教学具有重要的意义。教师应该充分利用这一点，通过调整教学策略，创造更多的参与机会，引导和鼓励学生主动参与教学过程。

（二）导向学习

当学生具备自我导向的学习能力时，他们可以更加主动地去发掘和理解新的知识，更加深入地参与学习过程，从而获得更好的学习成果。特别是在思政课叙事教学中，学生的自我导向学习能力可以发挥出较大的作用。例如，自我导向的学习能够激发学生的学习兴趣。学生在选择自己感兴趣的主题和路径进行学习时，可以更加投入和享受学习过程，这对于提高学习效率是非常有益的。同时，这也有助于提升学生的学习动力，使他们更加积极地参与学习。自我导向的学习能够提高学生的学习深度。在自我导向的学习过程中，学生需要自己去寻找、整合和理解信息，这样可以让他们更深入地理解和掌握知识，提高学习的深度和全面性。对于思政课而言，这样的深度学习可以帮助学生更好地理解和掌握思政知识，从而形成属于学生自己的价值观和世界观。又如，自我导向的学习能够培养学生的独立思考能力和创新精神。在自我导向的学习过程中，学生需要自己去解决问题，发现新的观点和方法，这对于培养他们的独立思考能力和创新精神是非常有益的。而这些能力和精神正是当今社会，尤其是未来社会所需要的重要素质。

（三）反思批判

学生的主体性不仅体现在他们的主动参与和自我导向学习上，还体现在他们对所学知识进行深度反思和批判的能力上。

学生的反思批判能力是他们形成自己独立思考能力的重要体现。通过反思批判，学生可以从单纯的接受知识转向主动探索和思考知识，从而形成自己的认知和理解。这对于培养学生的独立思考能力和批判性思维能力是非常有益的，也是思政教育的重要目标之一。

学生的反思批判能力对教师的教学方法和策略有着重要的影响。面对具有反思批判能力的学生，教师需要调整自己的教学方法和策略，更加注重学生对知识的理解和应用，而不仅仅是知识的传授。例如，教师需要提出开放性的问题，将更多的历史事件、社会事件引入教学环节中，引导学生进行深度的讨论和思考。这不仅有助于提高学生的学习效果，也有助于提升教师自身的教学能力和素质。

学生的反思批判能力对于建立和维护学习社区的重要性不言而喻。在一个有活力的学习社区中，学生可以自由地表达自己的观点，对他人的观点进行批判和反思，从而提升他们的学习效果，增强他们的学习动力。

第八章　思政课教学叙事艺术的总结与未来创新方向

第一节　总　结

一、我国思政叙事艺术已经取得显著进步与发展

近年来，我国在思政教育的叙事艺术方面取得了显著的进步和发展。这主要体现在教材的深化、教学方法的创新、多媒体手段的应用、跨学科的合作、情感引导的重视、互动教学的强调等方面。

（一）思政教材中的历史与现实案例越发丰富

在我国思政教育的改革中，教材建设无疑是核心环节。教材作为一种重要的教育工具，在思政教育中起着至关重要的作用。近年来，我国的思政教育教材建设逐渐走出了一条融入历史和现实案例，且运用生动叙事方式的独特之路。

在传统的思政教育教材中，知识的陈述往往偏重于理论性，有时会过于抽象，难以使学生产生感情共鸣。

然而，随着教材建设的深化和创新，许多教材开始引入更多的历史和现实案例，将抽象的思政知识具象化、形象化。这些案例，无论是历史事件还是现实问题，都是在一定的历史背景和社会环境下产生的，它们的发生、发展和结果都体现了一定的社会规律和人类普遍价值。

这些案例在教材中的呈现方式也发生了重大变化。一些教材开始采用生动的叙事方式，将冷冰冰的知识转变成吸引人的故事，带领学生穿越历史的长河，感受历史的沧桑变化，深入探讨现实的社会问题。这种叙事方式不仅可以增强教材的趣味性，让学生在轻松愉快的阅读中汲取知识，而且可以引发学生的思考，引导他们主动探索问题的答案，提升他们的思维能力和判断力。

生动有趣的叙事方式帮助学生更好地理解和记忆知识。例如，讲述一段特定的历史故事，可以使学生更深刻地理解某个思政理论的实际应用和影响，进一步提升他们对该理论的认识和理解。同时，这也能够让学生从中得到启发，产生对历史和现实的深入思考。

综上所述，我国在思政教育教材建设上的创新和改革，是对传统教学方式的一种有益尝试和挑战，也是对教育现代化的一种积极追求。这种以历史和现实案例为载体、以生动叙事为方式的教材建设方式，不仅提高了学生对思政教育内容的理解和接受程度，而且激发了他们的学习兴趣和主动性，对提升思政教育的质量和效果起到了推动作用。

（二）思政教师的叙事教学法越发纯熟

在思政教育中，叙事教学法被广泛运用，成为推动思政教育改革和发展的重要手段。许多思政教师把握住了叙事教学法的核心要素——"叙事"，开始运用叙事教学法进行教学。他们不再简单地讲授理论知识，而是通过讲述真实的故事、历史事件、个人经历以及社会现象等，使理论知识在生动活泼的叙述中呈现出来，使原本枯燥、抽象的知识点变得鲜活且富有生命力。

叙事教学法在提高教学效果方面有着显著的作用。通过故事的形式，学生能够更为直观、深刻地理解理论知识。叙事教学法让抽象的概念、理论通过故事化的方式呈现出来，有效增强了学生对这些知识的理解能力。故事的讲述过程能够激发学生的好奇心，提高他们的学习兴趣。这是因为故事往往具有紧张的情节、丰富的情感和深刻的内涵，能够引发学生的强烈兴趣和热情。通过故事的叙述，教师还可以激发学生的学习欲望，引导他们进行深层次的思考和理解，从而达到培养学生的批判性思维和创新性思维的目的。另外，叙事教学法可以帮助教师更好地进行情感教育。这是因为故事往往可以很好地传达情感和价值观，它可以使学生在情感上与故事中的人物、事件产生共鸣，进而接受和认同其所蕴含的思想观念和道德价值。

总的来说，随着叙事教学法在思政教育中的广泛应用，教师的叙事教学方法也越发纯熟，这不仅有力地推动了思政教育的改革和发展，而且为提高思政教育的实效性和影响力起到了推动作用。

（三）思政叙事与新技术手段的融合更加深入

科技的进步为教育带来了巨大的改变，其中较为显著的就是多媒体技术的广泛应用。在思政教育中，多媒体技术的使用已经成为一种普遍现象。教师通过使用电影、纪录片、音乐、图片等多种形式的媒体资源，丰富课堂内容，使叙事教学更加形象、生动。

电影和纪录片作为视听媒体，以生动的画面和音效、深刻的人物刻画和情节设定，为学生呈现出一幅幅活生生的历史画面。这些画面可以让学生"身临其境"，进一步提高他们对思政教育内容的理解和吸收。音乐则可以通过优美的旋律和深沉的歌词，传达出深层次的思想和情感，引起学生的共鸣，增强学生对思政教育内容的接纳和理解。而图片则可以通过直观的形象和生动的色彩，传递出丰富的信息和深刻的意义，使学生更好地理解和记忆知识。

多媒体的使用不仅丰富了教学内容，而且丰富了教学形式。它打破了传统的、单一的教学方式，为学生提供了更丰富、更多样化的学习体验。它让思政教育的课堂更加生动有趣，使学生在享受学习的过程中，更好地理解和接受知识。同时，多媒体的使用有助于提高学生的学习效率，使学生更好地掌握和应用知识。可以说，新技术手段的引入，使教学更加生动活泼，更加接近学生的生活实际，更能吸引学生的注意力，激发学生的学习兴趣。思政教育与新技术手段的深度融合，无疑为思政教育的发展开启了新的可能，也为提高思政教育的实效性和影响力提供了新的手段和方法。

（四）思政课程更加注重叙事教学情感的融入

在教学过程中，情感是一种非常重要的因素。它可以使学生对知识有更深刻的理解，产生更强烈的共鸣，从而更好地接受和认同教育的价值观。因此，在叙事教学中，越来越多的教师开始注重情感引导。

教师通过讲述真实的故事、历史事件、个人经历以及社会现象等，带领学生感受故事中人物的情感变化，帮助学生理解故事中人物的选择和行为背后的思考与价值观。这样，学生不仅可以从理论和知识的角度理解思政教育，更可以从情感的角度深入感受和理解思政教育的内涵。情感引导还可以帮助学生形成正确的价值观和世界观，进一步提升思政教育的效果。此外，情感引导还可以增强学生对思政教育的认同感和归属感。在教师的情感引导下，学生可以深入理解和感受思政教育的意义，进而更愿意积极地参与学习。

对情感引导的重视，也体现了教育的人性化和个性化。教育不再只是传授知识，而是关注学生的情感需求，尊重他们的个体差异，关注他们的成长过程，引导他们形成健康的人格和正确的价值观。对情感引导的重视，对提升思政教育的实效性和影响力、培养学生的社会责任感和国家认同感也起到了推动作用。它使教育更加人性化，更加贴近学生的内心世界，使教育的内容更加丰富，更加生动有趣，也更具有感染力。

（五）思政课叙事教学过程包含更加丰富的师生互动

在当今的教育环境中，师生互动被越来越多地引入课堂教学中，尤其是在思政课的叙事教学过程中，这种互动模式显得尤为重要。这种强调学生主体性的教学方式，不仅可以让学生更深入地理解和吸收知识，而且可以培养学生的思考能力和创新能力。

师生互动的重要性在于，它能够让学生更好地参与教学过程，从而提高他们的学习积极性。在这个过程中，教师不仅是知识传授者，还是引导者和参与者。他们引导学生思考问题，分享观点，鼓励他们发表自己的意见和看法。这样的教学方式使课堂气氛更加活跃，教学过程更加有趣。

师生互动还能够使教学更加具有针对性和实效性。教师可以通过与学生的交流和互动，了解他们的学习需要和问题，从而调整教学策略，提高教学效果。学生也可以通过互动，及时获取反馈，调整学习方式，提高学习效率。

在叙事教学中，师生互动可以使教学内容更加生动有趣，更加贴近学生的实际生活，使学生在享受学习的过程中，更好地理解和接受知识。这种生动有趣的教学方式，无疑可以更好地激发学生的学习兴趣，提高学生的学习积极性，从而提高教学效果。

随着师生互动在叙事教学中的重视程度不断提高，其对于提升思政教育的实效性和影响力、培养学生的主动学习能力、提高教学效果，都起到了推动作用。

二、我国思政叙事艺术与传统文化交融越发明显

随着思政教育叙事艺术的进步，中国传统文化的元素也被更多地融入其中。作为中华民族精神的载体，传统文化的引入不仅使教学内容更加丰富多元，而且使学生更加接近自身的文化根源，深化了学生对中国传统文化的认识与理解。中国传统文化与思政教育叙事艺术的交融，是一种教育创新，它使教育内容更加丰富，教学方式更加生动有趣，教育效果更加显著。在未来，这种交融和创新将会进一步推动中国思政教育的发展。

（一）传统文化思想观念在思政叙事教学中的渗透不断增加

传统文化在思政教育中的价值体现在很多方面。传统文化的融入可

以提供一个深入理解现代社会主义核心价值观的视角。中国传统文化，特别是儒家文化、道家文化、佛家文化等，包含了丰富的道德伦理理念。例如，孔子提出的"仁爱"理念，强调以仁为核心，爱人为本，倡导人与人之间的和谐共处，这与现代社会主义核心价值观中的"和谐"理念有着内在的联系。又如，老子的"道法自然"理念，强调顺应自然、无为而治，这与现代社会主义的发展理念也有着共通之处。

将传统文化元素融入思政教育中，可以使教育内容更具有历史深度和文化底蕴，使学生更好地理解和接受思政教育的内容。通过了解历史上的伦理道德观念，学生可以更好地理解现代社会主义的价值取向，更深入地认识社会主义核心价值观的内涵。此外，传统文化的价值观念还可以为思政教育提供丰富的教学资源。诸如古代的寓言故事、历史事件、人物传记等，都可以作为教学案例，用于说明和解析现代社会主义核心价值观。这种方式既可以使思政教育更富有趣味性，也能够使学生更好地理解和接受思政教育的内容。将传统文化的价值观念融入思政教育中，还有助于培养学生的民族自豪感和国家认同感。通过学习和了解自己民族的传统文化，学生可以更好地认识中国文化的博大精深，从而增强他们的民族自豪感和国家认同感。

因此，近年来传统文化的思想观念在思政叙事教学中的渗透不断增加，这对于丰富思政教育的内容、提高教学效果、培养学生的价值观，具有重要的意义。

（二）传统文化民间文学在思政叙事教学中的渗透不断增加

传统文化中的民间文学，包括神话、历史故事、民间传说等，被广泛运用于思政教育的教学实践中，有效地增加了教学的趣味性和吸引力。这些古老的故事，不仅富含哲理，充满智慧，而且具有强烈的娱乐性和感染力，能够使复杂的思政理论更容易被学生接受和理解，有效激发了学生的学习兴趣。例如，通过讲述"孟母三迁"这一历史故事，教师可以使学生更深刻地理解环境对人的影响以及孜孜不倦的学习精神，从而接受并领悟社会主义核心价值观中弘扬的学习精神。这些传统文化中的民间文学不仅是故事，它们也是中国历史和文化的一部分，反映了中国人民的智慧和信念。在听故事的过程中，学生可以了解到中国传统文化的精神内核和历史沿革，从而增强自身的文化自觉和历史自觉，培养自身的民族自豪感和文化自信心。

因此，借助传统文化中的民间文学在思政教育中的运用，既能够更好地传授和解析思政教育的知识，也有利于提高学生的学习兴趣，同时还可以增强学生的文化自觉和历史自觉，促进他们对社会主义核心价值观的深入理解和认同。

（三）传统文化艺术作品在思政叙事教学中的渗透不断增加

传统文化中的艺术形式，如书法、绘画、戏剧、诗词等，为思政教育的叙事教学带来了新的可能性。这些艺术形式的应用，不仅可以帮助学生更好地理解和感受思政教育的内容，还有助于培养学生的艺术素养和审美情趣。经过多年的发展，我国目前的思政叙事艺术已经在一定程度上实现了突破，在诸多院校中，叙事教学方法的渗透不断增加，带给了学生深刻的情感艺术体验。

以书法为例，书法是我国传统艺术的重要组成部分，它包含了我国文化的精髓。通过学习和实践书法，学生可以体验到汉字的魅力，感受到中华文化的深度和广度。在这个过程中，教师可以向学生介绍相关的历史背景和文化含义，使他们更好地理解和接受思政教育的内容。

绘画和戏剧同样是有效的教学工具。绘画可以帮助学生更直观地理解和感受历史事件或社会现象，而戏剧则可以通过角色扮演，使学生更好地理解和体验人物的情感和动机。这种方法可以使学生在参与和体验的过程中深化对思政教育内容的理解。

诗词是我国传统文化的瑰宝，它富含深刻的哲理和感人的情感。通过阅读和欣赏诗词，学生可以感受到作者的情感，理解其背后的价值观和世界观。同时，诗词的韵律和语言的美感也能够增强学生的艺术修养。

三、我国思政叙事艺术倾向于跨学科内容的渗透

在新的教育环境下，跨学科的教学方法正在越来越多地被应用到我国的思政教育中。这种教学方法通过融合不同学科的知识和理念，打破了传统的学科界限，使教学内容和方式更加丰富多样，也更符合现代社会的需求。例如，思政教育中可以引入心理学、经济学、历史学等学科的知识，使教学更具深度和广度。

（一）心理学与思政叙事艺术的融合

心理学是一门关于人类心理行为和心理过程的科学，其知识和理念被广泛应用于思政叙事教学中。通过心理学的视角，人们可以对故事中人物的动机和行为有更深入的理解和解读。

例如，在思政教育中，对于一些重大历史事件的叙述，常常涉及一些复杂的人物行为和选择。如果只是从表面上看，这些行为和选择可能难以理解。然而，借助心理学的知识，教师可以解读出这些行为背后的动机，如个人价值观、情绪状态、认知偏差等因素。这样的解读不仅能帮助学生理解历史，还能让他们学会从心理学的角度分析和理解现实生活中的行为和选择。另外，心理学在情感引导方面也起着重要的作用。在叙事教学中，教师可以利用心理学的知识，引导学生体验和理解人物的情感变化。这种情感的共鸣，可以帮助学生更深入地理解故事，也能让他们在情感上接受和认同思政教育的价值观。

在艺术表现方面，心理学同样具有重要的作用。在电影、音乐、绘画等艺术形式中，心理学的知识可以帮助人们理解和揭示人物的内心世界，创造更具心理深度的艺术作品。这样的艺术作品，能够引发学生的情感共鸣，增强他们对教学内容的理解和接受。

因此，心理学在思政教育叙事艺术教学中起着不可或缺的作用。通过心理学的视角，教师可以使教学内容和方式更加丰富多样，也更具深度和广度，提高教学效果，激发学生的学习兴趣。

（二）经济学、历史学与思政叙事艺术的融合

经济学和历史学作为思政教育叙事艺术融合的重要组成部分，为提升思政教育的深度和广度提供了丰富的资源。

经济学，作为研究人类如何管理其生活和经济活动的社会科学，可以为学生理解社会经济结构和经济行为提供有力的工具。在思政教育中，经济学知识的应用，可以使学生理解社会经济发展的历程，包括不同的经济体制、政策变迁、社会阶层与收入分配等问题。例如，通过经济学的视角，学生可以理解为什么有些国家的经济比其他国家的更发达，或者为什么在一定的历史条件下，某一种经济政策被采取。这种理解，有助于学生形成全面、深入的社会经济观念，同时能培养他们的经济分析能力。历史学，作为对人类历史进行系统研究的学科，为人们提供了理解历史发展过程和规律的重要视角。在思政教育中，历史学知识可以帮助学生理解各种历史事件的产生背景、发展过程和深远影响。例如，通过对战争、革命、改革等历史事件的深入研究，学生可以了解这些事件背后的社会动态、政治利益、经济转变等多方面的因素。这样，学生不仅能学到历史知识，更能通过历史学的视角，理解历史的复杂性和连续性，培养自己的历史思维能力。

第二节　未来创新方向

一、未来思政叙事艺术仍需强化个性化教学

在当今教育环境中，个性化教学成为一个重要的发展趋势。对于思政教育而言，个性化教学也日益显示出其重要性和必要性。这是因为每

个学生的生活经验、认知能力和情感态度都不同，因此，他们对思政教育的需求和反应也会有所不同。个性化教学旨在满足学生的个性化需求，帮助他们更好地理解和接受思政教育的内容。然而，要实现个性化教学，还需要解决一些重要的问题。

如何定位学生的学习需求是个性化教学的首要问题。在思政教育中，每个学生的理解能力、接受能力和学习方式都不尽相同，因此，确定他们的学习需求就显得尤为重要。这需要教师对学生的学习情况有深入的了解，通过与学生的沟通和交流，了解他们的学习难点和兴趣点，从而对他们的学习需求进行精准定位。

如何设计满足学生个性化需求的教学方案也是一项重要任务。这需要教师具备高度的专业素养和创新能力。教师需要根据学生的学习需求，采取不同的教学方法，设计出生动有趣、富有启发性的教学内容。例如，对于具有历史兴趣的学生，教师可以设计一些关于历史的思政教育教案；对于具有艺术天赋的学生，教师可以设计一些关于艺术的思政教育教案。

现代教育技术的发展，如人工智能、大数据、云计算等，也为实现个性化教学提供了可能。例如，人工智能技术可以根据学生的学习数据，生成个性化的学习路径和资源；大数据技术可以分析学生的学习行为，预测他们的学习趋势，从而为他们提供更为精准的学习建议。

总的来说，未来思政叙事艺术仍需强化个性化教学，以使教学更加符合学生的需求，进而提高教学效果。这需要教师具备高度的敬业精神和专业素养，同时需要教师利用好现代教育技术，创新教学方法，实现真正意义上的个性化教学。

二、未来思政叙事艺术形式仍需进一步创新

在 21 世纪这个信息爆炸的时代，思政教育面临着巨大的挑战。如何使教学内容生动有趣，吸引学生的注意力，增强学生的学习兴趣，是

思政教育的重要课题。因此，未来思政叙事艺术形式的创新就显得尤为重要。

思政教育的教材和教案应该进行全面的改革和创新。传统的教材和教案往往偏重理论知识，缺乏生动有趣的案例和实践。因此，教师需要引入更多的历史和现实案例，使用生动的叙事方式进行呈现。同时，教师需要充分利用多媒体资源，如视频、音频、动画等，使教学内容更加形象生动。

要进一步挖掘和利用中国传统文化资源。中国的传统文化是一个巨大的宝库，其中包含了丰富的故事、神话、传说、诗词、历史事件等。这些文化资源可以作为思政教育的教学素材，帮助学生更好地理解和接受思政教育的内容。同时，利用传统文化的资源也有助于弘扬中国传统文化，培养学生的文化自信。

要充分利用现代科技，创新教学方法。例如，教师可以利用人工智能、大数据、虚拟现实等技术，设计出新型的教学方法，如智能化教学、在线教学、虚拟现实教学等。这些新型的教学方法不仅可以提高教学效率，还可以使教学内容更加生动有趣。

要培养一批懂技术、会教学、懂艺术的复合型人才。这些人才不仅需要掌握深厚的思政教育理论知识，还需要具备先进的教学技能和较高的艺术修养。他们应能够将新的教学理念、新的教学方法和新的艺术形式运用到教学中，从而真正实现教学创新。

总之，未来思政叙事艺术形式仍需进一步创新，这既是一个巨大的挑战，也是一个巨大的机遇。只有不断创新，才能适应这个快速发展的时代，提高思政教育的教学质量，培养出更多的社会主义事业的建设者和接班人。

三、未来思政叙事艺术仍需完善评价体系

评价体系往往是教学领域被提及的一个重要环节。这是因为评价体

系不仅能够对学生的学习效果进行量化的评价，而且能够引导学生更有效地学习。对于思政叙事教育而言，未来需要完善其评价体系，使之更加科学、公正和全面。

（一）评价体系需要更加科学

在教育体系中，评价是衡量学生学习成效的重要部分。然而，在思政教育领域，单一的、以考试成绩为主的评价体系往往无法全面反映学生的学习情况。因此，建立一个更加科学的、全方位的评价体系是至关重要的。

科学的评价体系应更多地关注学生的日常表现和课堂参与度。在思政教育过程中，让学生积极参与，积极表达自己的观点和看法，是非常重要的。通过观察学生在课堂上的表现，教师可以更准确地了解学生对教材内容的理解程度，对讨论主题的看法，以及学生的思考深度。这样的评价方式可以帮助教师更好地理解学生的学习情况，也能鼓励学生积极参与课堂活动。

作业质量也是一个重要的评价指标。良好的作业设计可以激发学生的思考，引导他们进行深入的学习。通过作业，学生可以将课堂学习的知识应用到实际问题中，加深理解和记忆。教师可以通过查看学生的作业完成情况，了解他们对知识的掌握程度和思考深度。此外，教师还可以通过一些创新的评价方法来评估学生的学习效果，如小组讨论、项目制作、口头报告等。这些评价方法不仅可以测试学生的知识掌握程度，还可以评价他们的团队合作能力、口头表达能力、项目管理能力等。

科学的评价体系还需要将学生的情感态度和价值观念纳入考核范围。思政教育的目的不仅仅是传授知识，更重要的是引导学生树立正确的价值观和人生观。因此，教师需要对学生的情感态度和价值观进行观察和评价。

总之，要构建一个更加科学的思政教育评价体系，将多元化的评价指标融入其中，从而更加全面地评价学生的学习效果。这不仅可以提高教学效果，还能激发学生的学习兴趣，引导他们积极参与学习过程。

（二）评价体系需要更加公正

评价体系的公正性对于任何教育领域都至关重要，尤其是对于思政课程这类涉及主观性较强的学科而言。

在思政课程中，教师的个人观点可能会对学生的评价产生明显的影响，这种情况下，建立一套公正、客观的评价体系变得尤为重要。为了确保评价体系的公正性，以下是一些可以丰富和改进的方法和策略。第一，确保评价标准的多样性是建立公正评价体系的基础。在思政课程中，应采用包括知识掌握、思辨能力、表达能力、道德品质等多个方面的评价指标，避免将评价局限在某一方面。这样可以更全面地评估学生的学习成果和发展。第二，建立一套标准化的评价流程，确保评价的公正性。这包括制定明确的评价指标和标准，确保评价过程中的透明度和一致性。教师应按照既定的标准进行评价，避免主观意见对评价结果的影响。第三，引入多位评价者的视角和观点，以减少个体评价的主观性。可以考虑由多个教师组成评价团队，或者引入外部专家进行评价，以获取不同的观点和意见。这样可以减少单一教师观点对评价结果的过分影响。第四，将学生的自我评价和同学之间的评价纳入评价体系中。学生可以通过自我评价来反思自己的学习情况和成长，而同学之间的评价可以提供更多客观的参考意见。这种参与可以促进学生的主动学习和发展，并减少教师个人观点对评价的主导性。第五，为学生提供评价结果的详细反馈和解释，让学生了解评价标准和评价过程。这样可以增加透明度，让学生和家长对评价结果有更充分的理解，并且有机会质疑或寻求进一步解释。评价体系应该是一个不断改进和反思的过程。教师和学校应定期审查评价体系，收集和分析数据，识别可能存在的偏见和问题，并采取相应的改进措施，以进一步提升评价的公正性和准确性。

综上所述，评价体系的公正性对于思政课程尤为重要。通过多元化评价标准、标准化评价流程、多角度评价、学生自评和同学评价、评价结果的反馈和解释以及不断改进和反思等方法，可以建立起更加公正和客观的评价体系，确保对学生的评价更加准确、公正和全面。这将有助于培养学生的思辨能力、道德品质，促进学生的全面发展，提高思政课程叙事教学的质量，以促进其不断优化和完善。

（三）评价体系需要更加全面

在追求全面评价体系的过程中，要理解和接受一个事实，即教育不仅仅是知识的传授，更是价值观的塑造和个人成长的引领。

特别是在思政课程的叙事教学过程中，教师群体所追求的，不仅仅是学生对知识的理解和掌握，更重要的是学生内心的成长，以及学生对待社会的态度、对人生的理解。

一个全面的思政叙事教学评价体系要充分关注学生的思想品质。在日常生活中，人们往往可以从一些微小的事情中看到一个人的品质。同样，在学习的过程中，也可以从学生对待困难的勇气、对待失败的态度等方面看出他们的思想品质。因此，要把这些因素纳入评价体系中。

道德情操也是一个重要的评价指标。在教学过程中，教师可以通过观察学生的行为举止、对待同学的态度、对待社会规则的尊重等方面，了解他们的道德情操。而且，道德情操的培养也需要学校和家庭的共同努力，这也是评价体系中应该关注的一个重要方面。

社会实践能力的强弱是衡量学生是否能将所学知识应用到实际生活中的重要指标。通过参与社会实践，学生不仅可以学习到实际的技能，还可以体验到社会生活的多样性，从而拓宽视野，提高适应能力。因此，评价体系应鼓励学生参与社会实践，并以此来提升他们的实践能力。

在构建全面的评价体系时，必须把握一个原则，即评价不是为了排名，而是为了引导学生成长。目标不是要制造出一批考试高分者，而是要培养出一批有思想、有责任感、有良好品格的公民。

　　因此，评价体系应该以学生的全面发展为导向，尽可能地反映他们的各方面能力和素质。而且随着教育技术的发展，思政教师也可以考虑利用大数据、人工智能等技术手段，对评价体系进行优化。

参考文献

[1] 马建辉.课程思政教学案例：第一辑 [M].武汉：华中科技大学出版社，2022.

[2] 上海大学课程思政教学研究中心.课程思政教学设计 [M].上海：上海大学出版社，2022.

[3] 徐正飞.互联网背景下的思政教学理论与实践 [M].北京：九州出版社，2021.

[4] 程向莉.大学英语课程思政教学案例集锦 [M].武汉：武汉大学出版社，2022.

[5] 李小帆.经济学通识课课程思政教学方法与案例 [M].武汉：武汉大学出版社，2022.

[6] 马建辉，文劲宇.新工科背景下专业课程思政教学指南 [M].武汉：华中科技大学出版社，2022.

[7] 隆娟，王茜.临床医学专业课程思政教学案例集 [M].武汉：华中科学大学出版社，2021.

[8] 杨欣斌.课程思政优秀教学案例选编：理工篇 [M].上海：同济大学出版社，2022.

[9] 王蜜蜜.新时代大学英语课程思政教学指南 [M].长春：吉林大学出版

社，2021.

[10] 宿伟玲，王蕾.旅游管理类专业课程思政教学案例 [M].北京：中国旅游出版社，2022.

[11] 何绚.百年党史融入高校思政课的叙事策略 [J].大众文艺，2023（11）：193-195.

[12] 张纯刚.思政课讲好中国式现代化故事的叙事维度 [J].中学政治教学参考，2023（20）：67-69.

[13] 蒋玉雪，王洪渊.高中外语课程思政的影响因素及其实现路径：基于 Z 市 B 中学 H 老师的叙事研究 [J].海外英语，2023（9）：177-180.

[14] 姚善良，许嘉吟."大思政"背景下红色 IP 跨媒介美育叙事研究 [J].大众文艺，2023（8）：157-159.

[15] 林进桃.影视叙事类课程思政路径探赜：基于"影视叙事研究"教学的实践与思考 [J].电影新作，2023（2）：155-160.

[16] 姚洪越.思政课叙事体系建设的多维度分析 [J].高校马克思主义理论教育研究，2023（2）：92-104.

[17] 何登梅，李博豪.叙事教学法融入高中思政课的价值意蕴和实践路径 [J].桂林师范高等专科学校学报，2023，37（2）：77-81.

[18] 洪志劲.高校思想政治理论课图像叙事的建构与优化 [J].青年学报，2023（1）：72-77.

[19] 刘燕，伍蓉.医护抗疫叙事有效融入党建引领下的公立医院思政工作：以复旦大学附属华山医院为例 [J].上海党史与党建，2023（1）：87-90.

[20] 刘江，肖冬梅.叙事教学法推进高中思政课"四史"教育的思考 [J].亚太教育，2023（3）：100-102.

[21] 申晓晶，丁丹.基于视听传达理论的红色档案叙事活化思政课程探索 [J].档案管理，2023（1）：88-89.

[22] 王凯翔.文化自信：课程思政理念下动画专业"声音叙事"课程的再

设计与再实践 [J]. 艺术与设计（理论），2023，2（1）：142-144.

[23] 段吴勇. 新媒体时代高校思政教育图像化叙事实践策略 [J]. 知识窗（教师版），2022（12）：36-38.

[24] 陆嘉慧，李守可. 提升高校思政课"讲好中国故事"实效探析：基于叙事学聚焦理论视角 [J]. 江苏航运职业技术学院学报，2022，21（4）：68-72.

[25] 黄雪英. 基于主体间性的高校思政教学亲和力分析：评《高校思想教育的理论叙事》[J]. 中国教育学刊，2022（12）：148.

[26] 朱锋，方洁，戴宁. 实训基地开展基于叙事医学的课程思政教育探索 [J]. 高教学刊，2022，8（33）：181-184.

[27] 曹珍珍，张祥，于洋，等. 将叙事医学融入人体解剖学课程思政的探索 [J]. 叙事医学，2022，5（6）：416-419.

[28] 杜梅. "元宇宙"场域下的档案叙事融入案例式课程思政的内在逻辑与实现机制探讨 [J]. 档案管理，2022（6）：86-88.

[29] 文静，吴樱，丛丽. 儿科护理学叙事教育模式中"课程思政"的思考与探索 [J]. 中国当代医药，2022，29（30）：161-164.

[30] 居金娟. 基于案例叙事法的物联网技术隐性思政研究 [J]. 电脑知识与技术，2022，18（29）：110-112.

[31] 阎红，刘书文，张洪，等. 基于抗疫故事的叙事法在社区护理学课程思政教学中的应用研究 [J]. 成都中医药大学学报（教育科学版），2022，24（3）：51-54.

[32] 汪亮，金明磊. 高校大学语文课程思政叙事语境建构 [J]. 大理大学学报，2022，7（9）：36-40.

[33] 乔玉玲，黄蓉，李远达，等. 叙事医学课程思政系列课程设计探索 [J]. 叙事医学，2022，5（5）：318-327.

[34] 黄蓉，胡志兰，张瑞玲，等. 叙事医学导论课程思政的教学探索 [J]. 叙事医学，2022，5（5）：328-337，347.

[35] 毛旭，张瑞玲，黄蓉，等 . 疾病叙事课程思政教学探索 [J]. 叙事医学，2022，5（5）：338–347.

[36] 郭莉萍，施祖东，乔玉玲，等 . 叙事医学临床实践课程思政的教学探索 [J]. 叙事医学，2022，5（5）：360–370.

[37] 李远达，黄蓉，王春勇，等 . 叙事医学与传统文化课程思政教学探索 [J]. 叙事医学，2022，5（5）：371–380.

[38] 王玉婷 . 论音乐叙事与音乐院校思政课话语体系的有效融合 [J]. 湖北开放职业学院学报，2022，35（15）：87–89.

[39] 魏新忠 . 叙事教学法应用于初中思政课三维审视 [J]. 中学政治教学参考，2022（30）：56–58.

[40] 尹禹文，牛涛 . 叙事教学提升高校思政课亲和力的逻辑和策略 [J]. 学校党建与思想教育，2022（15）：66–69.

[41] 杨赫姣，刘伟 . 红色叙事融入思政课教学话语的内在逻辑及应用策略 [J]. 学校党建与思想教育，2022（15）：70–73.

[42] 王先亮，车雯 . 意义世界与体育何为：高校体育课程思政建设的叙事化路径 [J]. 北京体育大学学报，2022，45（7）：134–143.

[43] 吕增艳，王宇 . 略论情感叙事在大中小学思政课一体化教学中的应用 [J]. 东北师大学报（哲学社会科学版），2022（4）：144–149.

[44] 冯丕红 . 论交互叙事在促进大中小学思想政治理论课教学一体化中的应用 [J]. 教育观察，2022，11（17）：59–64，80.

[45] 梅梓婷 . 图像叙事在高中思想政治课中的应用研究 [D]. 上海：上海师范大学，2022.

[46] 杨晓芳 . 叙事教学法在高中思想政治课中的运用研究 [D]. 武汉：华中师范大学，2022.

[47] 张航 . 叙事建构视角下的思政课教学建构策略：以新版《德法》课程为例 [J]. 现代商贸工业，2022，43（12）：168–169.

[48] 曾常茜，陶雅军 . 课程思政视域下叙事医学教学法在"病理学"实验

教学中的探索 [J]. 大连大学学报，2022，43（2）：125-129.

[49] 张志巧. 思政教育叙事话语体系构建 [J]. 中学政治教学参考，2022（14）：85.

[50] 李万军. 红色影视中的视听、叙事元素与高校思政教育融合探析：以电影《长津湖》为例 [J]. 文教资料，2022（7）：89-92.

[51] 李一芳，邵芙蓉，张传英，等. 基于中医素材的"课程思政"在护理人文修养叙事护理的研究 [J]. 成都中医药大学学报（教育科学版），2022，24（1）：124-128.

[52] 郁文慧. 小学思政教师胜任力发展的叙事研究：以 J 小学 Y 老师为例 [D]. 银川：宁夏大学，2022.

[53] 李光柱. 元叙事、超文本、绝对他者、元宇宙：课程思政的哲学原理与未来之维 [J]. 东华理工大学学报（社会科学版），2022，41（1）：61-65.

[54] 苏映宇. 高校思政课讲好中共百年党史故事的教学进路 [J]. 福建医科大学学报（社会科学版），2022，23（1）：53-58，80.

[55] 李一芳，王晓妹，荣燕，等. 课程思政视野下的《护理人文修养》课程教学探索与实践：基于"中医素材"叙事护理教学 [J]. 陕西中医药大学学报，2022，45（1）：118-121.

[56] 周清叶. 影像叙事的课程思政意义 [J]. 兰州文理学院学报（社会科学版），2022，38（1）：71-75.

[57] 刘世敏，解雪云，赵志斌，等. 基于中医叙事写作探讨思政要素在针灸治疗学病例分析中的体现 [J]. 科教文汇（下旬刊），2021（36）：129-131.

[58] 冯珂. 课程思政视角下叙事化外语教学设计 [J]. 海外英语，2021（24）：141-142，160.

[59] 吴思瑶. 教育叙事在中学思政课中的应用研究 [J]. 教育观察，2021，10（47）：103-105，117.

[60] 王雅丽，石安妮. "大思政课"视域下网络视频思政叙事创新探析 [J]. 高校马克思主义理论教育研究，2021（6）：106-113.

[61] 周莹，董颖. 全媒体时代大学生思政教育话语模式的创新 [J]. 继续教育研究，2022（1）：79-83.

[62] 陆嘉慧，李守可. 提升高校思政课"讲好中国故事"实效探析——基于叙事学聚焦理论视角 [J]. 江苏航运职业技术学院学报，2022（4）：68-72.

[63] 杨华. 大学生外语数字化叙事能力的理论与实践研究：课程思政的新探索 [J]. 外语教育研究前沿，2021，4（4）：10-17，91.

[64] 孙乙田. 高中思政课的德育叙事方法研究 [D]. 上海：华东师范大学，2021.

[65] 马斐. 叙事医学与课程思政视域耦合下全科医学人文教育模式构建 [J]. 太原城市职业技术学院学报，2021（10）：115-117.

[66] 阮云志. 特点·类型·误区：高校思政课叙事教学法研究 [J]. 山西高等学校社会科学学报，2021，33（10）：24-29.

[67] 张索飞，冉丽娟，马会娟，等. 思政背景下的叙事教育在护理课程人文建设中的运用 [J]. 广西医学，2021，43（16）：2022-2026.

[68] 苏金旺. 基于"抗疫叙事"讲授高校思政课的实践路径 [J]. 中外企业文化，2021（7）：143-144.

[69] 简爱，史晓眉，冯小卫. 运用图像叙事提升高校思政课亲和力探究 [J]. 大学，2021（28）：152-154.

[70] 杨洪，张宇娜. 高校思政课叙事教学的历史、理论、批判及现实路径 [J]. 唐都学刊，2021，37（4）：101-106.

[71] 王永芳，何淑庆，徐艳，等. 信息化背景下面向产出的"软件工程"课程思政教学研究 [J]. 现代信息科技，2023，7（12）：195-198.

[72] 郑青. "信息化智慧型"大学英语课程思政教学路径研究 [J]. 海外英语，2023（6）：169-171.

[73] 黄琴，刘岢 . 信息化时代下高职工程造价专业课程思政教学改革的探索：以《BIM 技术在工程造价中的应用》课程为例 [J]. 武汉冶金管理干部学院学报，2023，33（1）：73-76.

[74] 李阳 . 基于信息化的高校思政教学模式改革策略 [J]. 国家通用语言文字教学与研究，2023（2）：27-29.

[75] 陈壮，苗雪薇，樊东旭，等 . 信息化背景下基础俄语课程思政教学改革与实践研究 [J]. 知识窗（教师版），2022（12）：54-56.

[76] 孙福权 . 信息化教学背景下高职院校专业课程思政教学模式改革路径研究 [J]. 湖北开放职业学院学报，2022，35（24）：161-163.

[77] 吉倩倩 . 信息化教学模式下的"建筑给排水工程"课程思政教学设计探讨 [J]. 广西城镇建设，2022（11）：71-78.

[78] 陆敏英 . 信息化途径下高职公共英语课程思政教学实践设计：以跨境电商专业公共英语 3 教学为例 [J]. 海外英语，2022（21）：126-128.

[79] 胡蓉 . 信息化时代背景下艺术高职公共英语课程思政教学研究 [J]. 校园英语，2022（31）：22-24.

[80] 杨丽芳 . 信息化助力高中思政教学之我见 [J]. 知识文库，2022（10）：130-132.

[81] 山步芬，苗钧源 . 信息化背景下高职英语课程思政教学实践及思考 [J]. 中国新通信，2022，24（8）：185-187.

[82] 李蕴 . 教育信息化背景下园林专业课程思政教学模式思考 [J]. 中国多媒体与网络教学学报（中旬刊），2022（4）：73-76.

[83] 朱颜悦 . 信息化背景下高职英语课程思政教学实施策略研究 [J]. 校园英语，2021（51）：90-91.

[84] 白月娇 . 教育信息化背景下公安院校专业课"课程思政"教学实践研究 [J]. 财富时代，2021（11）：243-244.

[85] 陈利 . 信息化时代的网络思政教学模式探析 [J]. 现代交际，2021（13）：16-18.